축약 적천수천미 용신분석

축약 적천수천미 용신분석

ⓒ 박헌구, 2024

초판 1쇄 발행 2024년 12월 10일

지은이   박헌구
펴낸이   이기봉
편집   좋은땅 편집팀
펴낸곳   도서출판 좋은땅
주소   서울특별시 마포구 양화로12길 26 지월드빌딩 (서교동 395-7)
전화   02)374-8616~7
팩스   02)374-8614
이메일   gworldbook@naver.com
홈페이지 www.g-world.co.kr

ISBN   979-11-388-3817-7 (03180)

縮約 滴天髓闡微
用神分析

축약 적천수천미 용신분석

유백온 원주 · **임철초** 증주 · **원수산** 찬집

번역 강의 | **박헌구**

좋은땅

목 차

◆◆◆◆◆◆◆

머리말

    2015년 08월에 출판사 장서각에서 정단 선생님과 제가 『신적천수 정석』1·2권을 출판한 지 현재까지 이르기를 8년이 지난 지금 중대한 변화가 있었습니다. 즉, 『新滴天髓定石』1·2권을 출판할 당시에는 정단 선생님이 손수 '오행지수'를 계산하셔서 종주오행을 검증하셨으나, 이러한 번거로움을 해결하기 위해서 프로그래머이신 함범종 선생님의 도움을 받아 컴퓨터 연산 작업을 통하여 간단하게 태어난 년/월/일/시를 입력하든지, 직접 四柱命造를 넣어도 宗主五行이 결정되게끔 만들어졌습니다.

    목적은 그동안 역학계에 만연해 있는 격용신과 억부용신을 탈피하고, 오직 일간은 육신과 육친 통변에만 국한하고, 다른 오행과 같이 사주체의 무게에 포함해서 무게를 달아, 첫째, 미달종주. 둘째, 적정 종주. 셋째, 초과종주 이론을 소개하는 정단선생님의 응용 방법은 이미 『新滴天髓定石』1·2권에 실려 있으며, 저는 이 응용 방법에 의하여 『적천수천미』사례명조를 비교분석 하였습니다.

    때문에 우선적으로 고전을 바탕으로 하여 현대 과학적인 방법으로 검증해야 할 것입니다. 왜냐하면 고전을 무시한 현대명리학 이론은 砂上樓閣에 불과하기 때문에 반드시 고전에 근거한 용/희신의 도출과 그 용/희신에 의한 길흉화복을 결정해야 할 것입니다. (溫故而知新)

그럼 이 파일은 어떤 경로를 통하여 설계되었는지 밝히겠습니다. 우선 이 설계도는 제가『천미』의 번역을 맡았고, 정단 선생님이 핵심이론인 '지수'를 산출하는 방법을 연구하셨으며, 마지막으로 함범종 선생님이 프로그램을 제작하셨습니다. 정단선생님의 '지수방법'은『신적천수정석』1·2권에서 이미 발표되어 있으니 참고하시기 바랍니다.

제목에서 축약이라고 이름 지은 이유는 2015년 8월에 출판한『신적천수정석』1·2권에 실려 있는 원문과 임철초의 증주와 제가 쓴『궁통보감』과 정단님의 註 등을 생략하여 1권으로 축약시켜서 만들었습니다. 결론적으로 그동안 제가 유튜브 강의에서 축적된 강습 내용을 정리하여 우선『적천수천미』1권에 실려 있는 사례명조 78개와 2권에서 24개를 추가하여 102개의 명조를 국한하여 임철초 선생님의 용신 잡는 방법과 정단 선생님의 '지수법'을 비교하여 용신을 분석하고, 심효첨의『자평진전』의 격국용신도 비교분석 하여 제가 평주할 것입니다.

마지막으로 이 프로그램의 예상 적중률은 저는 99.8% 이상이 된다고 믿고 있습니다. 물론 0.2%는 임철초 선생님과 차이가 난다는 것입니다. 이 차이는 철초 님의 실수도 있을 것이고, 合/沖으로 인해 암장되어 있는 지장간의 乘/減(승/감)을 프로그램이 완벽하게 판독하지 못하는 경우가 있을 수 있다고 생각하고, 이 0.2%의 결함을 개선하기 위하여 끊임없는 노력이 필요하다고 생각합니다.

2024년 가을 천기누설 적천수연구소

『滴天髓闡微』의 構成內容의 特徵
(적천수천미의 구성내용의 특징)

『滴天髓闡微』는 4권 1책 66장으로 구성되어 있으며 그 66장 중에서 1장 「天道」부터 35장 「(坎離)감리)」까지는 「通神論」으로 이루어졌으며, 「六親論」은 「(夫妻)부처」부터 「(貞元)정원」까지 31장으로, 「통신론」과 「육친론」을 모두 합하여 66장으로 이루어졌다. 『적천수천미』를 찬집하는 데 도움을 준 형원 주인인 손군의 서문에는 通神과 六親을 대강으로 하여 天道부터 貞元까지 62장으로 되어 있다[1]고 되어 있으나 본 논자가 일일이 세어 본 결과 위에서 언급하였듯이 66장으로 이루어진 것을 확인할 수 있었다.

구성의 특징은 「통신론」은 한 인간이 이 세상에 태어난 년, 월, 일, 시의 사주를 음양오행의 상생·상극의 원리에 의하여 그 명조의 주인의 운명에 어떻게 작용하는가의 원론적으로 설명하는 방법을 취하고 있으며, 「육친론」은 그 작용의 원리를 어떻게 해석할 것인가를 설명하는 방법을 취하고 있다.

내용 이론의 특징은 처음 첫 장에 「天道」를 두어 우주의 형성과 변화의 원리를 설명하고, 다음으로 「地道」를 두어 만물의 생성되는 원리를 설명하였으며, 그 다음으로 「人道」를 두어 모든 만물 가운데에

---

1) 取通神, 六親, 爲兩大綱, 自天道至貞元, 分六十二章. 任鐵樵 增注, 袁樹珊 撰輯, 『滴天樹闡微』, 「孫序」, (臺灣 : 武陵出版有限公司, 1997), p.7.

서 사람만이 天氣와 地氣의 조화에 의하여 운명이 결정된다고 주장하고 있다.

다음으로 「(知命)지명」이 있고 그 知命을 알기 위하여 「(理氣)이기」와 「(配合)배합」이 중요하다고 설명하고 있다. 이렇게 원론적인 이론을 1권과 2권에서 「통신론」이라고 하여 35장으로 되어 있으며, 3권과 4권에서는 기술적인 이론, 즉 명리학의 실무적인 이론이 「육친론」이라고 하여 31장으로 되어 있다.

하편인 3~4권은 「육친편」으로 이름하고 우리가 살아가고 있는 현실세계에서 그 사람의 사회생활을 영위하는 「出身」·「地位」까지 다루면서 가족관계, 「(富貴)부귀」·「(貧賤)빈천」·「(壽夭)수요」 등과 아울러 그 사람의 성정까지 술수적으로 예단하는 방법을 설명한 「(何知)하지」장을 두었다.

그리고 『적천수』 첫머리의 「天道」에는 우주 삼라만상의 근본인 삼원, 즉 천원·지원·인원을 알고자 하려면 음양과 더불어 오행을 살펴야만 한다.[2]고 하였다. 특히 통신편의 첫 장인 天道부터 그 이후에 지도·인도·지명·이기·체용·정신·중화·순역·은현·군상·신상·지위까지 당시 성리학자들이 많이 사용하는 용어를 목차에 사용하는 특징을 보이고 있다.

또한 「청기」가 나오면 그 다음으로는 「탁기」가 따라오고, 「(震兌)진태」가 나오면 그 다음으로는 「(坎離)감리」가 따라오고, 「(寒暖)한난」

---

[2] 欲識三元萬法宗, 先觀帝載與神功. 陳素菴 輯注, 『滴天髓輯要』, 「天道」, (臺灣 : 瑞成書局印行, 1996), p.1.

이 나오면 「(燥濕)조습」이 따라온다. 이와 같이 모든 장이 대칭적으로 구성되어 있고, 또한 각 장 안에서도 세부적으로 설명하는 경우에도 한결같다.

예를 들어 「(性情)성정」 장에서는 火에 대한 설명이 있으면 다음으로 水를 설명하고, 木에 대한 설명이 있으면 다음으로는 金을 설명하였으며, 順生을 설명하면 다음으로 逆生(역생)을 설명하고, 陽明을 설명하면 陰濁(음탁)을 설명하고 있다. 이와 같이 모든 구성이 正/反 合으로 치밀하게 짜여진 것을 특징으로 들 수 있다.

더욱이 『적천수』는 기존의 『연해자평』 이론인 「격국론」과 「신살론」을 배제하고 음양오행의 변화를 통한 '중화'에 의한 명의 이치를 추구하는 것[3]이 특징이라고 할 수 있다. 이러한 『적천수』의 내용적 특징적으로 강조하는 중화에 의한 「억부론」은 유교서 가운데 하나인 『中庸』의 중심사상인 '중화사상'을 차용하여 설명하고 있다.

끝으로 『적천수』의 감명법의 특징으로, 상권에 「知命」 장을 두어 술수가가 감명을 하는 방법과 그 감명을 어떻게 하면 알 수 있을 것인가 하는 법을 설명하는 '知命法(지명법)'으로 설명하고 있으며, 또한 하권에는 「何知(하지)」 장을 두어 그 방법을 어떤 방법을 써야만 명을 알 수 있을 것이라는 '何知法'을 두어 방법을 설명하는 것이 특징적이다.

『滴天髓』 마지막 66장에 「貞元(정원)」 장을 두어 이 세상에 태어난 인간은 죽는 것으로 끝이 아니라 그 죽은 자의 나머지 대운도 그대로

---

3) 通陰陽之變, 不拘格局, 不用神煞, 但從命理推求. 陳素菴 輯注, 『滴天髓輯要』 「自序」, (臺灣 : 瑞成書局印行, 1996), p. 1.

후손에게 영향을 미친다는 논리를 풍수지리를 비유하여 설명하고 있다. 이는 역설적 추론에 의하면 돌아가신 조상들도 공경히 받들라는 '효경사상'의 뜻이 함축되어 있으며, 이 이론은 후한의 왕충의 '元氣論(원기론)'에 영향을 받았다.

마지막으로 『적천수천미』의 사례명조는 총 512개로 되어 있지만 四卷의 第二十九 地位章에는 중복되는 사례명조가 4개가 있다.

誠意伯秘授天官五星玄澈通旨

滴天髓闡微(一卷)

通 神 論
始

1 第四 知命章(제4 지명장)

人間의 어리석음과 蒙昧함을 깨우쳐 주려면 반드시 順함과 逆함에 機微의 理致를 알아야 한다.

청 고종순황제어조

時	日	月	年〈事例 1〉
丙	庚	丁	辛(양인격)
子	午	酉	卯(금체화목용조)

71	61	51	41	31	21	11	01
己	庚	辛	壬	癸	甲	乙	丙
丑	寅	卯	辰	巳	午	未	申

임철초 선생님은 다음과 같이 풀이하셨다. 天干은 庚·辛·丙·丁이다. (서로) 바른 짝을 이루어 가을의 金을 團練(단련)하고, 地支는 子·午·卯·酉로 또한 坎(감)·離(리)·震(진)·兌(태)와 짝을 이루었다. 地支의 네 정기가 八方에 貫通(관통)하고 五行 중에 土가 없다. 비록 가을의 월령을 가지고 태어났기에 일주가 왕하다고는 할 수 없다.

가장 기쁜 것은 子/午冲으로 水剋火하여 午火가 酉金을 파하지 못하게 하여 충분히 日主를 도울 수 있으며, 더욱이 妙한 것은 卯/酉冲으로 因하여 金剋木하니, 즉 卯木이 午火를 돕지 못함으로 적당하게

制하고 누름이 있다.

즉 卯·酉는 震·兌니 주로 仁과 義의 진실된 氣運이 있으며, 子·午는 坎·離로서 하늘과 땅 사이의 中氣運을 다스린다. 또한 坎·離는 해와 달의 바른 형체를 얻었으니 소멸하지 않고 한 번은 潤澤(윤택)하게 한 번은 따듯하게 하는 (각각의 地支에) 端門(단문)들을 깔고 앉아 있으므로 (周易에서 말하는) 水火旣濟(수화기제)를 이루었다.

바로 이러하므로 八方의 (부족들이) 손님으로 와 謁見(알현)하고 금 마차에 붉은 솔개그림을 달고 四海를 평정하여 그 내의 모든 나라들을 아우르며, 나쁜 무리의 어진 우두머리가 되어 天下를 기쁘고 편안하게 하였다.

譯評 청나라 6대 건융황제 명조다. 이유는 모르겠지만, 유감스럽게도 이 知命章은『적천수징의』에는 빠져 있다. 그런 이유로 이 '건융황제어조'도 地支章에 실려 있다. 『천미』를 증주 한 철초 님은 이 명조의 용신을 천간의 丙/丁火(官煞)로 보았다. 그렇다면 희신은 그 용신을 돕는 木氣(財星)運이 되는데 대운이 木/火大運으로 흘러 용신을 돕고 있는 상태가 되었다. 지지로는 子/午沖, 卯/酉沖이 되어 매우 불안정한 상태이나 대운이 해결사 노릇을 한 것이 '命 좋은 것은 運 좋은 것만 못하다.'가 되었다.

더하여 격국론으로는 陽刃格(양인격)으로 용신으로는 天干에 투출한 丙/丁火가 될 것이다. 이렇게 되면 억부론과 격국론의 용신이 일치하는 명조가 되었다. 결론적으로 이와 같이 억부론과 격국론이 用

神이 일치하는 명조는 호격이 되는 경우가 많다.

또, 이 명조를 컴퓨터 프로그램 무게중심이론인, '오행체용론'으로 무게를 달아 보면, 역시 月支를 장악한 金 4.9이고, 水 2.0이고, 木 1.3이고, 火 4.3이고, 土 0.0으로, 역시 지수법칙으로 풀어 보면 금 기운이 종주오행이 되어 '金體火木用造'가 되어 火/용신에 木/희신이 되고, 대운을 살펴보면 음년생 건명이라 역대운으로 火/木대운으로 흘러 호운이 된 命主다.

만약 이 命主가 2024년 현재 기준으로 14세가 아니면 74세가 되는 乾命인데 아마도 이 己丑大運은 丑/酉金局을 이루어 陽刃星(양인성)이 강해져 불리한 대운이 될 것이다.

『子平眞詮』심효첨 님은 이 陽刃格을 다음과 같이 定義하신다. 陽刃(양인)이라는 것은 나(日主)의 正財를 겁탈하는 神이다. 곧, 正財의 七煞이다. 祿(록)이 (이 五行의 앞의) 자리에 있으며 오직 五陽(일주)에만 성립하는 이유로 陽刃이라고 한다. (그래서) 劫이라 하지 않고 刃이라고 한 것은 劫奪(겁탈)하는 것이 심하기 때문이다. 陽刃은 (凶殺이므로) 剋制하는 것이 마땅하기에 관살도 모두 마땅하고, 財星과 印綬(인수)가 서로 따르면 더욱 귀함이 드러나게 된다. 정관으로 (용신으로 쓸 경우) 재성과 인수가 서로 따르면 아름답다.

七煞이 그것을 얻으면 그것들이 어찌 심할 수 있겠는가? 또한 다른 격에서 煞로써 일주를 상하는 것보다 더욱 심함을 어찌 알겠는가? 그러므로 '制伏(제복)을 반기고 재성과 인성을 꺼린다. 양인격에 칠살을 쓸 경우 그것에 의지하여 刃을 制할 때는 일주가 상하는 것은 두려워하지 않는다. 그러므로 재성과 인성을 오히려 반기고 (오히려 食/傷에 의해 官/煞을) 제복하는 것을 꺼린다.[4]고 하였다.

또, 심효첨은 말하기를, 그러나 官煞(관살)로 制刃(제인)하는 것은 같으나 격 역시 고저가 있다. 만약에 관살이 뿌리가 깊게 하고 투출하면 대귀하고 관살이 암장되든지, 혹은 투출은 하였으나 뿌리가 얕으면 小貴(소귀)하다.

심효첨의 격국용신론에서도 위의 명조〈事例 1〉도 丙/丁火가 용신으로 地支의 午火는 時支의 子水에 의하여 충이 되었으므로 용신으로서 제 구실을 할 수 없으나, 천간에 있는 丙/丁火는 용신으로 사용할 수 있다.

		時	日	月	年〈事例 2〉
		戊	戊	庚	庚(식신격)
		午	辰	辰	申(금체화목용조)

73	63	53	43	33	23	13	03
戊	丁	丙	乙	甲	癸	壬	辛
子	亥	戌	酉	申	未	午	巳

---

4) "陽刃者劫我正財之神, 乃正財之七煞也, 祿前一位, 惟五陽有之, 故爲陽刃, 不曰劫而曰刃, 劫之甚也, 刃宜相制, 官煞皆宜, 財印相隨, 尤爲貴顯, 夫正官而財印相隨美矣, 七煞得之, 夫乃甚乎, 豈知他格以煞能傷身, 故喜制伏, 豈財印, 陽刃用之, 則賴以制刃, 不怕傷身, 故反喜財印, 忌制伏也", 沈孝瞻 原著, 徐樂吾 評註『子平眞詮評註』권 5, (台北, 集文書局, 民國83), p. 30.

임철초 선생님은 다음과 같이 풀이하셨다. 동중당의 명조로, 戊土 일주가 봄의 마지막 달에 태어나고 午時 생이라 旺相(왕상)이라고 하기 쉬운데, 그러나 봄철의 土는 허한 土여서 六(未)九(戌)月의 土가 실한 것에 비교할 수 없다. 또한 두 개의 辰土는 물을 저장한 습토라 火를 설하고 金을 생하기에 충분하여 투간된 庚金과 地支에는 申辰이 모여서 일주를 洩氣(설기)시키기에 用神은 반드시 일주를 생하는 午火에 있다.

반가운 것은 水와 木이 보이지 않음으로 일주와 인수가 다치지 않아 精과 神이 충분히 왕하며, 순수하게 중화를 이루어 평생 동안 벼슬길에서 파란이 없었으며 삼십여 년을 태평하게 지냈다. 곧바로 子 대운에 이르러 水局을 이루면서 불행하게 되었는데 그의 나이는 이미 八十이 되었다.

譯評 하지만, 『滴天髓闡微』 4권 第31 地位章에는,

時	日	月	年〈事例 489〉
戊	戊	庚	庚(식신격)
午	辰	辰	申(금체화목용조)

此董中堂造, 天然清氣在庚金也.

철초 님은 이 命造는 董中堂의 命造인데 천연의 청기가 庚金에 있다고 하여, 用神이 年干의 庚金에 있다고 한다.

또한 아래의 일본 명리학자는 '변역관법'이라는 새로운 명리용어를
이용하여 용신을 食神이라고 하였다. 아부태산은 그의 저서『滴天髓
和解』를 주석하면서 이 명조를 설명하기를 다음과 같이 하였다.

年 食神 庚	申 食神	病
月 食神 庚	辰 比肩	冠
日 戊	辰 比肩	冠
時 比肩 戊	午 印綬	旺

위의 命은 생일 戊土는 건토, 辰은 春月의 土이므로 月令을 얻은 것
같지만 春의 乾土는 旺이라 하지 않는다. 그리고 生時의 午는 제왕으
로 되고, 천간에 比肩이 있는데, 월·일·시 또한 비견이 林立(빽빽이
들어서다)해서 나를 돕는다. 이리하여 일간이 지나치게 유여하다. 그
러나 다행이도 年/月에 食神이 성하여 나의 왕을 설하므로 도리어 중
화순수의 命格으로 된다.

'일생을 통하여 풍파와 험악에 봉착하지 않고 오랫동안 관계에서
근무하여 명성을 떨친다. 본명은 변역관법의 명으로 생시 印綬를 용
신으로 취하기 때문에 재운을 두려워한다. 만년 子丑 북방의 水運(財
地)에 들면 생명은 끝이 난다. 특히 子의 운은 명중 申辰과 三合해서
水局으로 되고, 또 子는 午의 正印을 극하기 때문에 자운이 가장 좋지

않다. 대운 戊子의 제8운 80여세의 고령으로 사망한 명조다.[5]라고 하였다.

앞에서 증주자인 철초 님이 감명한 동중당의 명조를 아부태산식으로 재해석한 것이다. 아부태산 역시 봄철(辰月)의 戊土는 강하지 않다고 하였다. 그러나 증주자는 年/月에 투간된 庚金과 地支의 申辰이 半水局을 이루어 일주가 약하므로 時支의 午火가 용신이 된다고 한 반면, 아부태산은 연월의 경금 食神이 왕한 일간의 기운을 설하기에 사주가 중화순수하다고 하였다.

또한 변역관법이라는 것은 약한듯하지만 태어난 시간이 戊午시라 무토 일주가 경금 식신의 설기를 감당할 만하다는 뜻인데 결국 아부태산식의 관법에 의하면 火生土 土生金으로 흐르는 通關(통관) 내지는 源流(원류)用神 구조가 되어 源流用神인 午火가 극을 받는 子運에 終命한 명조이다. 이와 같이 동양 삼국에서는 증주자인 임철초의 중화사상을 근본으로 인간의 운명을 감명하는 방법이 새롭게 등장하였으며, 후대에 미친 영향은 지극히 크다고 말할 수 있겠다.

이 명조를 컴퓨터 프로그램으로 計數를 측정할 수 있는 무게중심 이론인, '五行體用論'으로 五行指數를 검증해 보면, 金 6.3, 水 1.2, 木 0.9, 火 1.6, 土 3.8로 金五行이 태왕종주오행이 되어 이를 극제하는 '金體火木用組'에 火五行이 用神이 되고, 木五行이 喜神이 되었다. 결론적으로 이 명조는 食傷星이 강하여 일주인 戊土일주가 약해서 印

5) 阿部泰山 原著, 鄭民鉉 譯『(四柱推命學)滴天髓秘解』, (서울 : 三元文化社, 1998), 中, p. 23.

星인 時地의 午火를 용신으로 한다. 결국 8대운 子大運에 사망할 운명이다. 이와 같은 명조가 바로 0.2% 속에 해당되는 명조다. 더하여 임철초 선생님의 실수라고 할 수 있다.

『子平眞詮』심효첨 님은 이 食神格을 다음과 같이 定義하신다. 이 食神은 본래 (일주를) 洩氣하는데 속하며, 그 기능은 바로 財를 생하는 것을 기뻐하는 이유가 된다. 그러므로 "食神生財"는 美格이다."고 하였으나, 이 명조는 食神인 금 기운이 강하여 일주가 허약해졌으므로 印星인 午火를 용신으로 하여야 한다.

時	日	月	年〈事例 3〉
庚	甲	壬	壬(록겁격)
午	寅	寅	辰(목체금토용조, 불용)

54	44	34	24	14	04
戊	丁	丙	乙	甲	癸
申	未	午	巳	辰	卯

임철초 선생님은 다음과 같이 풀이하셨다. (나와) 같은 邑에 사는 왕 씨 성을 가진 사람의 명조이다. 일반적으로 日主가 강하고 煞이 약할 때는 (칠살인) 庚金을 용신으로 사용한다고 한다. 또한, 春木이 金을 만났으니 반드시 棟梁之器(동량지기)가 될 것이라고 하여, 글 읽기를 하면 반드시 발할 것이라고 권하였는데, 부단히 三十이 넘도

록 글 읽기를 하여도 결과를 보지도 못하고 家勢는 점점 줄어 가고 있었다.

내가 이 四柱를 보고 미루어 결론짓기를 地支에 두 개의 寅을 깔고 앉아 월령의 권세를 타고 있으며 두개의 壬水가 왕한 신을 생하고, 年支의 辰土도 水의 庫(고)이며 木의 餘氣(여기)이니, 능히 물을 저장하여 나무를 키울 수 있으며, 금을 生할 능력은 없다. 하나의 庚金은 休囚(휴수)가 극에 달하고 午火는 적이요, 壬水는 洩氣를 하니, 쓸 수 없을 뿐만 아니라, 반대로 生水를 하여 병이 되었다. 무릇 왕한 것이 극에 달하면 마땅히 洩해야 하며, 반대로 극을 하면 마땅치 않으며, 그 기세에 순응하여야 하고 그 性情(성정)에 어그러지면 안 된다.

그리하여 午火를 用神으로 사용하여 장래 火運이 도래할 때에 비록 이름과 貴함은 없으나 富와 利는 정해졌으니 이름을 포기하고 이익을 추구함이 옳은 것이다. 만약 다시 공부를 하였다면 끝내 자신을 잘못 아는 것이니, 선비를 포기하고 사업가로 나가서 丙午大運에 이르러 四柱의 병이 되는 庚金을 극하여 보내므로, 십 년도 채우기 전에 發財(발재)하여 십여만의 재산이 모아질 수 있었다. 바로 庚金이 病이 됨이 분명하다.

譯評 서락오가 증주한『징의』에는 命主의 성씨가 없다. 증주자인 철초 님은 庚金인 편관이 병이라고 하였다. 이 주장은 16세기 사람인 장남이라는 인물이 『명리정종』에서 보이는 이론이다. 이 병을 치료하는 약이 있어야 반드시 명주는 발복할 것이라는 이론이다.

이 명조를 컴퓨터 프로그램으로 계수를 측정할 수 있는 무게중심 이론인, '오행체용론'으로 오행지수를 검증해 보면, 역시 月支를 장악한 木 7.1, 火 4.2, 土 0.0, 金 1.0, 水 1.5로, 木五行이 태왕종주오행이 되어 이를 극제하는 '木體金土用造'이나, 金/土오행은 用力이 부족하여 불용하고, 종주오행인 木오행을 중심으로 水/木/火오행 중, 火/木오행이 用/喜神이 되고 水오행은 +한신이 된다.

만약 이 命主가 2024년 현재 나이 13세로 癸卯大運이 아니면 73세로 己酉대운에 머물 것인데 아마도 59세 申運을 넘기기가 어려울 듯하다.

『子平眞詮』심효첨 님은 이 祿劫格을 다음과 같이 定義하신다. "建祿(건록)이라는 것은 月建祿堂(월건록당)이라는 것이다. 祿이 곧 劫財(겁재)다. 혹시나 祿堂이 투출하면 (그것을) 의지하여 相神으로 쓸 수 있을까? 그렇지 않다! 그러므로 建祿이나 月劫이나 동일한 格이라고 할 수 있다. 구태여 나눌 필요가 없다. 모두 투간을 하고 會局(회국)을 이루어도 별도로 財/官/煞/食/傷을 相神으로 취해야 한다."[6]고 하였다.

심효첨의 이 같은 주장을 보면 月令에 比/劫이 사령하면 다른 곳에서 相神을 찾으라고 확실하게 정의를 내렸다. 이 정의에 뜻을 살펴보

---

6) "建祿者, 月建逢祿堂, 祿卽是劫, 或以祿堂透出卽可依以爲用者, 非也. 故建祿與月劫, 可同一格, 不必另分, 皆以透干會局, 別取財官煞食傷爲用", 『子平眞詮評註』권5, 앞의 책, p.39.

면 이미 月令을 司令한 일간은 강하다고 결정짓고 印/比를 相神으로 취하라는 언급은 전혀 없다. 그렇다면 위의 〈事例 3〉명조는 철초 님의 중화론에서는 時支의 午火 상관을 중화용신으로 하는 '傷官制煞格(상관제살격)'이 된다.

다시 심효첨은 또 말하기를, 祿劫格에 財/官星이 없어서 食/傷星을 相神으로 하면 그 태과한 기운을 설기하여 역시 秀氣(수기)가 된다. 더욱이 (日主가) 春木과 秋金이면 귀하다. (왜냐하면) 대체로 木이 火를 만나면 밝아지고, 金이 水를 생하면 신령스러워지기 때문이다.

時	日	月	年〈事例 4〉
辛	癸	甲	癸(종강격)
酉	亥	子	酉(수체토화용조, 불용)

53	43	33	23	13	03
戊	己	庚	辛	壬	癸
午	未	申	酉	戌	亥

임철초 선생님은 다음과 같이 풀이하셨다. 이 四柱는 이름을 알 수 없는 복건성 사람의 것인데, 庚午年 겨울에 내가 보면서 金·水運을 크게 취하고 火·土運을 취하지 말라 하니, 상대가 말하기를 '金水가 극에 달했는데 어찌 또 金/水를 취한단 말이요? 즉 이것은 命書를 충분히 공부하지 않았다.'는 증거이다. 책에서 말하기를, '旺한즉 설하거나 상하여야 마땅하다 했으며, 이렇게 金/水로 꽉 찬 四柱에 金/水

를 반대로 취하다니, 이것은 命書(명서)에 증명되지 않았소!'

내가 말하기를, '命書에 어찌 없단 말이요! 이 모두가 命中에 五行의
오묘함을 알지 못하는 데에서 원인이요! 이 四柱는 水가 旺한데 金을
만났으니 그 기세가 충분하며, 하나의 甲木은 枯浮(고부)되어 水氣를
洩하기에는 어렵고, 흐르는 것을 막기에는 반대로 물에 대한 근심을 이
룰 것이니, 만약에 순하게 흐른다 하여도 아름답지 못하다.'고 설명해
주었다.

初年 癸亥大運에서 왕신을 도와 父母의 德에 여유로움이 있었으며
壬戌大運이 한번 지나면서 뿌리가 그 기세를 역하여 水氣運이 통하
지 않아서 官災와 재산이 줄어드는 일이 함께 있었다.

辛酉와 庚申大運을 보면서 사람도 많아지고 재산도 함께 늘었으
나, 己未 戊午大運에 (사주의) 성정을 거스르는 바람에 반평생의 사
업이 모두 동쪽으로 흐르는 강에 흘려보내고, 마누라는 죽고 자식을
극하여 의지할 곳 없는 외로운 삶이었다. 이러하니 곤륜의 물은 順
함이 마땅하고, 逆함은 옳지 않음을 말하는 것이다. 그러하니 順하고
逆하는 기미를 알지 않으면 올바르지 못하다.

譯評 　중주자인 철초 님은 이 명조를 종강격으로 해석하고 있다.
이 종격은『연해자평』에서 나오는 7格 즉, 稼穡格(가색격), 從革格(종혁
격), 潤下格(윤하격), 曲直格(곡직격), 炎上格(염상격)과 棄命從財格(기
명종재격)과 棄命從殺格(기명종살격)을 확장하여 발표한 이론이다.
이와 같이 곤륜산의 물은 순함이 마땅하고, 역함은 옳지 않다고 한다.

이 명조를 컴퓨터 프로그램으로 계수를 측정할 수 있는 무게중심 이론인, '五行體用論'으로 五行指數를 검증해 보면, 역시 月支를 장악한 水 7.5, 木 1.9, 火 0.0, 土 0.0, 金 4.0으로, 水五行이 극왕종주오행이 되어 이를 극제하는 '水體土火用組'이나, 土/火오행은 不在不用하고, 종주오행인 水오행을 중심으로 金/水/木오행 중, 水/金오행이 용/희신이 되고 木오행은+한신이 된다.

만약 이 命主가 2024년 현재 나이 33세로 辛酉大運에 머물러 호운에 있지만 장차 43세 己未大運부터는 철초 님이 설명하셨듯이 '반평생의 事業이 모두 동쪽으로 흐르는 강에 흘려보내고, 마누라는 죽고 자식을 극하여 의지할 곳 없는 외로운 삶'이 될 것이다.

『子平眞詮』물론『연해자평』의 이론인 從格을 충실히 받은 심효첨의 格局論에서도 다음과 같이 定義하고 있다. 論雜格(론잡격)장에 의하면, 五行이 일방으로 되면 수기를 취하여 (格이 될 수) 있다. (예를 들어) 甲/乙日主가 亥/卯/未, 寅/卯/辰으로 全備(전비)되었고 또 春月에 태어난 甲/乙日主는 본래 겁재와 한 종류이다. 각각의 오행의 기운이 전체를 얻고 있다면 成格이 되므로 印綬가 투출하면 사주체가 순수해진다. 이 〈事例 4〉명조에서처럼 印星이 투출된 것을 기뻐한다고 하였다.

이 같은 근거에 의하면 南宋代의 徐升이 지은『淵海子平』의 이론이 두 가지 이론으로 갈라지는 모습을 淸代에서 볼 수 있다. 즉『연해자평』에서의 格局論과 從格(종격)을 심효첨이 받아들였으며, 임철초는 중화론과 從格을 받아들여 새로운 확장이론을 발표하고, 양자는 모두 神煞論(신살론)을 부정하였으며, 심효첨의 격국론에서는 奇格(기격)과 異局(이국)을 인정하고 있다. 이 같은 내용은 역평자의 연구논문에 자세히 다루었다.

2 第五 理氣章(제5 이기장)

理를 이어서 氣가 움직이는 것이 어찌 늘 일정하기만 하겠는가? (氣의) 나아감과 물러남에 따라 抑制해 주고 도와주는 것이 마땅해야 한다.

時	日	月	年〈事例 5〉
壬	甲	庚	丁(칠살격)
申	辰	戌	亥(금체화목용조)

59	49	39	29	19	09
甲	乙	丙	丁	戊	己
辰	巳	午	未	申	酉

임철초 선생님은 다음과 같이 풀이하셨다. 甲木이 이미 休囚(휴수)의 극에 다다르고, 庚金은 록왕하여 甲木을 극하고 하나의 丁火는 庚金을 상대하기가 어렵다. 더하여 (地支로) 두 개의 財星는 煞을 生하니 殺은 重하고 日主는 弱한 것같이 보인다.

그러나 九月의 甲木은 進氣(진기)라는 것을 알지 못함이니, 더욱이 壬水는 옆에서 (갑목을) 相生할 뿐, (이 때문에 年干에 있는) 丁火는 다치지 않았다. 丁火는 비록 弱하나 자기의 庫에 뿌리를 내리고 있고, 戌土는 燥土(조토)라 火의 뿌리가 된다. 辰은 濕土(습토)이며 木의 餘氣(여기)가 된다.

축약 적천수천미 용신분석

天干은 한 번은 生하고 한 번은 제하고, 地支는 또 長生을 만났으니, 四柱가 생하고 화하여 有情하고, 五行은 쟁탈하는 것이 없으며, 丁大運에 이르러 연달아 과거에 오르니, 火를 用神으로 써서 殺을 制하는 것이 확실하다. 비록 오래 동안 京官(고대, 중앙 관청의 관리)의 자리에 임하였으나 벼슬과 재산이 두텁고 豊富하니 이 모두(대운의 天干/地支)가 한결같이 南方의 大運으로 가기 때문이다.

譯評 증주자인 철초 님은 이 명조를 9월(戌月)의 甲木이 進氣(진기)를 받고 있다고 주장한다. 하지만 譯評者의 생각으로는 戌月이라 進氣가 된 것이 아니고, 地支의 구조상 水氣가 많아서 甲木 일주는 태어난 달은 衰하지만 주변에 도와주는 水氣(印星)가 많아 '弱變爲强(약변위강)'이 된 사주라 木氣運을 설하는 남방 火運에 발복한 명조라 판단된다. 劉伯溫의 原註에서는 九月의 甲木은 물러남이 극에 달하면 進의 기미가 보일 정도라고 하였다.

위의 설명은 譯評者의 눈에 보이는 일간 위주로 설명하였지만, 자세하게 컴퓨터 프로그램을 이용하여, 五行計數를 측정해 보면, 金 6.4, 水 2.9, 木 2.4, 火 1.4, 土 1.8로 역시, 金五行이 초과종주오행이 되어 이를 극제하는 '金體火木用組'에 火五行이 用神이 되고, 木五行이 喜神이 되었다.

만약 이 命主가 2024년 현재 어린 나이 18세로 己酉大運에 머물러 어려운 상황에 처해 있을 것이다. 공부도 안 되고 부모님에게 근심거리가 될 것이다. 하지만 장차 29세 丁未大運부터는 철초 님이 설명하

셨듯이 丁大運에 이르러 용신대운으로 들어 정신 차리고 사회생활에
적응하면서 乙巳大運까지는 무난하게 살겠지만, 甲辰大運에 들면 月
柱와 天剋支沖(천극지충)이 일어나 조용히 넘기지는 못할 것이다.

『子平眞詮』戌月에 庚金이 투출하여 七煞格(칠살격)이 되었다. 심
효첨 선생의 七煞格의 定義를 보겠다. "煞이라는 것은 일주를 공격하
기 때문에 마치 美物(미물)이 아닌 것 같지만 대귀격이 칠살격에 많
다는 것이다. 대체로 剋하고 制하는 것이 마땅함을 얻으면 煞을 나의
용신으로 삼을 수 있다. 마치 대영웅과 대호걸이 말 타는 것이 어려
워 보이지만 방법이 있는 곳에 처하면 驚天動地(경천동지)의 노력이
있어 갑자기 그것을 나아가 취할 것이다. 이는 王侯將相(왕후장상)
이 七煞格에 많이 있는 이유이다."[7]라고 하였다.
　위의 명조는 年干의 傷官인 丁火를 쓰고 大運에서 木大運을 기다
린다. 결론적으로 임철초의 抑扶論과 심효첨의 格局論이 일치하는
사례명조가 되었다.

---

7) "煞以攻身, 似非美物, 而大貴之格, 多存七煞, 皆控制得宜, 煞爲我用, 如大英雄大豪
　傑, 似難駕馭, 而處之有方, 則驚天動地之功, 忽焉而就, 此王侯將相所以多存七煞也",
　『子平眞詮評註』권4, 앞의 책, p.1.

時	日	月	年〈事例 6〉
壬	甲	庚	乙 (재격)
申	戌	辰	亥 (금체화목용조, 화불용)

53	43	33	23	13	03
甲	乙	丙	丁	戊	己
戌	亥	子	丑	寅	卯

임철초 선생님은 다음과 같이 풀이하셨다. 이 命造는 앞 命造와 비슷하고, 일반적으로 甲日主가 누이동생을 庚金에게 시집보내어, 庚金으로 하여금 합을 탐하느라 충을 잊어버리게 하여 흉이 吉兆(길조)로 바뀌었다고 말들을 하지만, (비교하여 보면) 어찌하여 위의 명주는 翰苑(한원)출신이고, 이 命主는 가난한 선비인가? (그 이유는) 乙庚合을 하여 金氣運으로 化하니 오히려 사나움에 도움을 주는 것을 알지 못함이다.

위의 命造는 日主가 甲辰으로 辰土는 濕土(습토)이므로 능히 木을 생할 수 있으며, 이 命造의 日主는 甲戌로, 戌土는 燥土(조토)로, 生木을 할 수 없으며, 앞의 命造는 申辰이 합을 하여 水가 되며 이 命造는 申戌이 합을 하여 金을 이루어 殺氣(살기)가 생하고, 앞 命造는 甲木이 進氣이고 庚金이 退氣인데, 이 命造는 庚金이 進氣이며 甲木은 退氣이니, 이 두 命造를 연구하여 보면 하늘과 땅의 차이를 느낀다. (그러므로) 進退之氣(진퇴지기)를 알지 못하면 안 된다.

譯評 이번에는 '進退之氣'가 불통하여 막힌 명조다. 중주자인 철초 님의 설명과 같이 위의 명조와 '天壤之差(천양지차)'를 느낀다. 譯評者는 철초 님이 주장하는 金의 進氣(진기)라는 설명은 동의하지 않는다. 왜냐하면, 장차 다가올 여름은 金의 死地(사지)가 되기 때문이다. 이 명조는『적천수천미』의 理氣(이기)장에 나오는 명조로 철초 님이 理氣를 강조하기 위하여 進氣와 退氣로 설명하고 있는 부분이다.

컴퓨터 프로그램으로 計數를 측정할 수 있는 무게중심이론인, '오행체용론'으로 五行指數를 검증해 보면, 金 5.9, 水 3.0, 木 1.8, 火 0.3, 土 2.7로 金五行이 초과종주오행이 되어 이를 剋制(극제)하는 '金體火木用組'에 火五行이 不在不用(부재불용)하고, 木五行이 用神이 되고, 水五行은 대운에서 기다린다.

만약 이 命主가 2024년 현재 나이 30세로 丁丑大運 丑大運에 머물러 어려운 상황에 처해 있을 것이다. 물론 이후 水大運 역시 사주 전체가 응결시키는 현상이 일어나 가난한 선비로 생을 마감하게 될 命主다. 역시 甲木일주는 生木인지라 조후가 필요함을 인정해야 한다.

『子平眞詮』앞 명조와 같은 甲木日主이지만 태어난 달이 辰月이라 財格이다. 심효첨 선생의 財格의 定義를 보겠다. 財星은 내가 剋하여 사용하는 물건이다. (또 재성은) 능히 官을 생하니 아름다운 것이다. 財帛(재백), 妻妾(처첩), 才能(재능), 驛馬(역마) 등이 모두 財의 종류

이다.[8]

　다시 取運論에서는, 偏財가 七煞을 거느리고 있을 경우 혹 ‘合煞存財(합살존재)’하든지 혹 ‘制煞生財(제살생재)’를 하면 모두 貴格이 된다. 마치 毛壯元의 命이 乙酉/庚辰/甲午/戊辰으로 ‘合煞存財’가 되고, 李御使의 命이 庚辰/戊辰/戊寅/甲寅은 ‘制煞生財’가 되었다[9]고 하지만 위의 〈事例 6〉명조는 ‘合煞存財’가 되어 好命이 되지만, 임철초 님의 설명은 ‘乙庚合을 하여 金氣運으로 化하니 오히려 사나움에 도움을 주는 것을 알지 못함이다’라고 하시어 격국론을 부정하신다. 무게중심이론인, ‘오행체용론’과도 위배된다.

---

8) 財爲我剋, 使用之物也. 以能生官, 所以爲美, 爲財帛, 爲妻妾, 爲才能, 爲驛馬, 皆財類也.『子平眞詮評註』권4, 앞의 책, p.12.

9) 有財帶七煞者, 或合煞存財, 或制煞生財, 皆貴格也. 如毛壯元命, 乙酉/庚辰/甲午/戊辰, 合煞存財也. 李御使命, 庚辰/戊辰/戊寅/甲寅, 合煞存財也.『子平眞詮評註』권4, 앞의 책, p.18.

3 第六 配合章(제6 배합장)

天干과 地支의 配合을 자세하게 살피면 사람의 禍福과 더불어 災殃과 祥瑞로움이 정해져 있다.

時	日	月	年〈事例 7〉
壬	庚	戊	甲(식신격)
午	申	辰	子(수체토화용조, 토불용)

53	43	33	23	13	03
甲	癸	壬	辛	庚	己
戌	酉	申	未	午	巳

임철초 선생님은 다음과 같이 풀이하셨다. 이 命造는 일반적으로 설명하는 경우, 天干에 三奇(삼기)가 투출하여 아름답고, 地支로는 拱貴(공귀)의 영화로움을 만났다. 또 충이 없이 水의 局을 이루었고, 官星을 用神으로 삼았으니 이 명조의 命主는 명예와 부를 한꺼번에 거둘 것이다.

그러나 庚申日主 늦봄에 태어나고 수기는 본래 休囚(휴수)여서 기본적으로 官星을 用神으로 하였는데, 불만스럽게도 지지가 水局으로 모이니, 물이 증가하고 불의 위용이 살아져 가니 官星이 반드시 다치게 되었다.

욕심 같아서는 강한 무리를 적은 것으로 대적하려고, 壬水를 쓸 생각인데 다시 싫은 것은 三奇(삼기) 중에 戊土가 뿌리를 튼튼히 하고 食神을 겁탈하려 하니 역시 쓰는 데 어려움이 생긴다. 財인 甲木은 본래 물을 지키고 흙을 파는데 빌려 쓰기가 가능하여 食傷을 洩(설) 하고, 官星을 생하여 유정한 것처럼 이야기할 수 있지만, 甲木은 退氣이며, 戊土가 권력을 잡고 있어서 甲木이 소통하는데 어려움이 있는 것을 모르고 하는 소리이다. 甲木 역시 假(가)用神으로 碌碌(록록=비실비실)한 사람을 고용하여 쓰는 것에 불과하다.

더구나 운이 西南方으로 가니 甲木은 休囚(휴수)인지라 비록 조상의 유산은 받았으나 크게 한번 무너져 살아지고 妻子마저 죽고 외롭고 고독함을 참을 수가 없었으니, 三奇니 拱貴니 여러 가지 격을 이야기하면서 用神을 보지 않는 것은 모두가 허망한 거짓말이다.

譯評 地支로 申子辰 水局을 이루고 時干으로 壬水가 투간하여 水의 기운이 대세를 이루고 있다. 이 水의 기운을 막으려면 土의 기운이 필요하므로 月干의 戊土를 용신으로 삼고자 하나 물을 머금고 있는 月支의 辰土에 뿌리를 내리려고 하지만 申子辰 水局으로 변하여 뿌리를 내릴 수가 없다.

다음으로 火氣運을 찾으나 時支의 午火는 水의 세력에 자신 하나도 지키기 어려운 실정이 되었으며, 다시 木의 기운을 찾았으나 年干의 甲木은 범람하는 水勢에 떠내려갈 처지가 되어 버린 형상이 되었다. 하지만 철초 님은 이것이나마 假用神(가용신)으로 사용한다고 하였다.

중주자인 철초 님의 의도는 奇格(기격)·異局(이국)·神煞論(신살론)을 부정할 의도로 이 명조로 예시한 것이다. 철초 님의 설득력 있는 설명에 고개가 절로 숙여진다. 다음은 奇格이 없어도 '靑雲直上(청운직상)'한 명조가 아래에 있다.

우선 이 사주를 컴퓨터 프로그램으로 計數를 측정할 수 있는 무게중심이론인, '오행체용론'으로 五行指數를 검증해 보면, 金 4.2, 水 3.7, 木 1.0, 火 1.4, 土 4.4로 金/水의 합이 7.9와 火/土의 합이 5.8로 陰/陽으로 나누면 이 사주는 金/水五行이 宗主五行이라, 用/喜神은 木/火五行이 된다. 결론적으로 대운을 살펴보니 초년 대운이 地支로 오는 火運으로, '雖有祖業(수유조업)'이나 중년이후는 金運으로, '亦一敗而盡(역일패이진), 且不免刑妻剋子(차불면형처극자), 孤苦不堪(고고불감)'이 된 命主가 되었다.

만약 이 命主가 2024년 현재 나이 41세로 壬申大運 申大運에 머물러 어려운 상황에 처해 있을 것이다.

『子平眞詮』格局論者인 심효첨은 이 食神格을 다음과 같이 定義하고 있다. 이 食神은 본래 (일주를) 洩氣하는데(譯註 : 그렇기 때문에 일주가 뿌리가 있기를 필요로 한다.) 속하며, 그 기능은 바로 財를 생하는 것을 기뻐하는 이유가 된다. 그러므로 '食神生財'는 美格이다. 재성은 뿌리가 있는 것이 중요하며 正/偏이 중첩되어 투출된 것을 필요로 하지 않는다. 만약에 身强하면서 食神이 旺하고 財星이 투출하

면 大貴의 格이 된다.[10]

또, 심효첨의 격국론에서는 庚金日主가 月支의 辰中 正氣인 戊土
가 月干으로 투출하여 偏印格(편인격)으로 볼 수도 있지만 地支에 申
子辰 水局을 이루고 時干으로 壬水가 투출하여 食神格으로 變格(변
격)이 될 수도 있다. 그러므로 심효첨은 論用神變化(론용신변화)장
에서 말하기를, 用神은 이미 月令에서 정한다고 하였다.

그러나 月令이 저장하고 있는 오행이 한결같지 않아 용신이 이에
따라 변한다. 예를 들어 十二支 가운데 子/午/卯/酉를 제외한 나머지
地支는 저장하고 있는 (다른)오행이 있다. (구태여) 四庫支(사고지)
를 (예를 들) 필요 없이 寅木을 가지고 논한다면, 甲木이 本主(본주)
가 되어 마치 郡(군)의 府(부)가 되며, 丙火가 長生(장생)이 되어 마
치 郡의 同知(동지)가 되고, 戊土 역시 長生으로 郡의 通判(통판)이
있는 것이다. 가령 寅月이 提綱(제강)이 되어 甲木이 투간되지 못하
고 丙火가 투간되었다면 마치 知府(지부)가 郡에 任官(임관)하지 못
한 것이니 同知(동지)가 대신 그 임무를 맡는 주인이 되는 것이다. 이
와 같은 현실이 변화의 이유가 되는 것이라[11]고 하였다.

이와 같이 食神格으로 변하면서 食神이 강해져 이 食神을 洩하는
相神인 財星運이 유리하고 食傷運도 길하며, 印綬運은 가장 꺼리고

10) 食神本屬洩氣, 以其能生正財, 所以喜之, 故食神生財, 美格也, 財要有根, 不必偏正
    疊出, 如身强食旺而財透, 大貴之格, 『子平眞詮評註』「論食神」권4, 앞의 책, p.45.
11) "用神旣主月令矣, 然月令所藏不一而用神遂有變化, 如十二支中除子午卯酉外, 餘皆
    有藏, 不必四地, 卽以寅論, 甲爲本主, 如郡之有府, 丙其長生, 如郡之有同知, 戊亦長
    生, 如郡之有通判, 假使寅月爲提, 不透甲而透丙, 則知府而不臨郡, 而同知得以作主,
    此變化之由也", 『子平眞詮評註』, 앞의 책, 권2, p.28.

官煞(관살)은 모두 불길하다[12]고 하였다. 여기서 심효첨이 印綬運을 꺼린다는 것은 격용신이 四吉神인 食神格이라 '偏印倒食(편인도식)' 하기 때문이다.

譯評者의 견해로는 이 명조는 時支의 午火(官星)는 申子辰 水局(食神)에 밀려나고 특히 相神인 財星(甲木)을 쓴다 하여도 大運을 받지 못한 命主로 안타깝다.

時	日	月	年〈事例 8〉
壬	乙	己	丙(인수격)
午	丑	亥	子(수체토화용조, 토불용)

54	44	34	24	14	04
乙	甲	癸	壬	辛	庚
巳	辰	寅	卯	丑	子

임철초 선생님은 다음과 같이 풀이하셨다. 이 命造를 처음 볼 때는 취할 만한 것이 하나도 없어 보인다. 天干의 丙·壬이 한 번 극을 하고, 地支의 子·午는 멀리서 沖을 한다. 또 겨울철 나무는 태양을 반기는데 水勢의 범람을 곧 바로 만났으니, 火氣는 극을 받아 끊어지게 되어 마치 이름과 이익을 이룰 수 없다고 할 것이다.

그러나 내(징의에는 余(여, 나)가 없음)가 이 명조를 자세히 미루어

---

12) "食神太旺而帶印, 運最利財, 食傷亦吉, 印則最忌, 官煞皆不吉也", 『子平眞詮評註』 「論食神」 권4, 앞의 책, p. 55.

보니, 세 개의 水와 두 개의 土, 두 개의 火로 수세는 비록 旺하지만 기쁜 것은 金이 없고 火가 본래는 休/囚(휴/수)이나 土가 水를 막아주니 말을 하면 자식이 어머니를 살리는 격이다.

더구나 天干의 壬水는 乙木을 생하고 丙火는 己土를 생하니, 각각 자기가 맡은 일을 책임지는 형상으로 相生有情(상생유정)하여 극하고 싸울 마음이 반드시 없다. 地支는 비록 北方이지만, 기쁜 것은 己土의 原神이 투출하여 祿旺(午/丑)에 뿌리를 내리고 서로가 보호하니 그 세력은 물을 막고 불을 보호하기에 충분하다.

이른바 病이 있고 藥을 얻은 것[13]이며, 또 一陽 후에 만물이 懷胎(회태)하고 木火는 進氣라 빼어난 傷官기운을 用神으로 삼는다. 중년의 운이 東南으로 흘러 용신이 生旺해져, 필시 사람들 중에 첫째라, 寅大運을 만나 火를 생하고 木이 旺해져 연이어 과거에 급제하여 翰苑에 들어갔다. 이러하므로 청운의 꿈이 곧 바로 성취할 수 있었던 것이다. 이 두개의 命造를 보면서 모름지기 느낀 것은 干支의 配合의 그 이치를 소홀히 함이 어찌 옳겠는가?

譯評　앞의 명조와 이 명조는 『천미』의 「배합」 장에 올려 天干과 地支의 配合의 중요성을 설명하고 있다. '好命不如好運(호명불여호운)'이다. 또, 장남의 『명리정종』의 '病藥論'을 이용하여 설명하고 있다. 철초 님의 天干의 丙/壬剋과 地支의 子/午冲은 인정할 수 없는 설명이며, 철초 님 역시 '寒木喜陽(한목희양)'이라고 하여 丙火를 용신

---

13) 이 「病藥論」은 明代의 張楠의 『命理正宗』의 이론이다.

으로 하고 己土(財星)가 거센 물줄기를 막는 역할을 한다고 하였지만 조후론에서는 戊土가 필요하다고 정해 버렸다.

亥月에 태어난 甲/乙木 일주는 태생적으로 火氣를 좋아한다. 철초 님도 이 명조의 용신으로 年干의 丙火를 용신으로 하였으며, 月干의 己土가 水勢를 막아 주는 역할을 하므로 丙火가 온전할 수 있다고 하였으나 己土는 오히려 약하기 때문에 '己土濁壬(기토탁임)'이 될 수 있다.

또한 불안한 것은 年支의 子水와 月支의 亥水와 時干의 壬水는 언제든지 용신인 丙火를 공격할 기세인데 大運이 중년이후 木/火運으로 흐르므로 사주가 好命이 된 사주이며, 앞의 사주〈事例 7〉는 대운마저 金/水運으로 흐르니 不好命이 된 사주다. 역시 사주보다 대운이 중요하다는 것이 증명된다.

컴퓨터 프로그램으로 計數를 측정할 수 있는 무게중심이론인, '五行體用論'으로 五行指數를 검증해 보면, 水 6.3, 木 2.3, 火 2.4, 土 3.2, 金 0.3으로, 水五行이 極旺한 명조로 용신을 剋用을 취하면 먼저 土를 찾는다. 하지만, 用力이 약한 用神은 취하지 않는 것이 '五行體用論'의 법칙인데, 철초 님은 설명과 같이 天干의 己土가 祿旺地에 있어 土가 용신이 된다고 하지만, '水體土火用造'나 土不用하고, '水體火木用造'가 된 명조다.

만약 이 命主가 2024년 현재 나이 29세로 壬寅大運 壬大運 끝에 머물러 어려운 상황에 처해 있을 것이나, 내년 2025년 寅大運부터 好運으로 바뀔 것이다.

『子平眞詮』심효첨의 격국론에 論印綬篇에 의하면 "印綬는 일주를 생하는 것을 반긴다. 正/偏이 같은 美格이 된다. 그러므로 財格과 印格은 正/偏을 구분하지 않고 하나의 격으로 여겨 논한다."[14]라고 하였다.

論取用論에 의하면, "일주가 강하고 印星이 旺하여 두려운 것은 太過된 상태이다. (그러므로) 일주의 기운을 洩하는 秀氣를 相神으로 삼는다."[15]고 하였다. 역시 이 명조도 時支의 午火(食神)를 用神으로 정하고 대운을 기다린다. 격국론과 억부론이 合致하는 명조다.

小結 이와 같이 知命(지명)·理氣(이기)·配合(배합)의 3장이, 앞의 형이상학적인 명리학의 중화론인 天道(천도)·地道(지도)·人道(인도)를 이어서 실론적인 감명방법을 사례명조를 통하여 설명하였다. 이곳에서도 오로지 中和論으로 일관된 설명이다.

한편으로 서락오의 『징의』는 天道·地道·人道·知命·理氣·配合을 함께 묶어 「통신송」이라는 章名을 붙였으며, 『천미』의 知命장에 있는 건륭황제를 포함한 사례명조 4개는 없다. 참고적으로 『징의』에서는 地支장에 있는 것을 발견하였다. 여기서 『천미』의 구성과 내용이 『징의』와 차이가 있음을 확인할 수 있다.

또한, 구성상 특징이라면, 이 配合장에서 天干과 地支의 配合을 자

---

14) "印綬喜其生身, 正偏同爲美格, 故財與印不分偏正, 同爲一格而論之", 『子平眞詮評註』, 권4, p.29.
15) 有印而用傷食者, 身强印旺, 恐其太過, 洩身以爲秀氣, 위의 책, 같은 권, p.30.

세히 살피라고 강조하고는 바로 아래에 天干과 地支장을 두어 설명하는 매우 치밀한 구성으로 짜여 있음을 알 수 있다. 다음은 十干의 性情(성정)과 十二地支의 性情을 설명하는 장으로 天干과 地支에 관하여 설명한다. 하지만 天干장은 사례명조가 없고, 地支장에 사례명조 9번이 있어 天干장은 생략할 것이다.

4   第七 天干章(제7 천간장)

다섯 개의 모든 陽中에서 丙火가 最高의 陽의 性情이 되고, 다섯 개의
모든 陰中에는 癸水가 陰의 性情이 가장 至極하다.

사례명조 없음.

5   第八 地支章(제8 지지장)

陽의 地支는 動的이며 또한 强하여, 災殃과 祥瑞함이 빠르게 나타나고, 陰의 地支는 고요하고 또한 단순함으로 어려움과 편안함은 매번 해를 지남에 따라 나타난다.

時	日	月	年〈事例 9〉
癸	癸	壬	甲(인수격)
亥	巳	申	寅(금체화목용조)

76	66	56	46	36	26	16	06
庚	己	戊	丁	丙	乙	甲	癸
辰	卯	寅	丑	子	亥	戌	酉

임철초 선생님은 다음과 같이 풀이하셨다. 가을 물이 根源地(근원지)에 통하였고, 金이 當令(당령)하여 물이 많고, 木은 囚(수)의 상태에서 沖을 만났으니 用神으로 하기에는 부족하다. 비록 火는 休(휴)의 상태라도 日支와는 바짝 붙어 있고 더구나 초가을의 아직 꺼지지 않는 불기운이 남아 있어 반드시 用神은 巳火인데 巳·亥 沖을 만났으며 劫財들이 무리를 지어 분쟁을 일으키고 있다.

이러한 까닭으로 연달아 마누라 셋을 극하여, 자식도 없고 겸하여 운 또한 北方 水地로 흐르니 그 결과 이상하게도 재산이 깨지고 줄어드는 일이 많았다. 戊寅 己卯 大運에 이르러 운이 東方으로 바뀌고는

喜神과 用神의 힘을 얻어 따듯한 밥을 먹을 수 있었으나, 庚大運에 傷官을 제하며 劫財를 생하고 또 다시 酉年을 만나서 喜·用神이 둘 다 상하여 불행하게 되었다.

譯評 地支가 寅/申/巳/亥 四生地로 구성되어 있다. 이와 같이 그 장을 설명하고 실례를 들 경우 그에 해당되는 명조를 반드시 예를 드는 것이 특징적이다. 철초 님의 日主를 중심으로 한 抑扶論에 의하면 生地인 申月에 태어난 癸水日主가 壬申月에 癸亥時의 도움으로 강왕한 사주가 되었다.

때문에 용신을 年干의 甲木 傷官으로 정하고 명조를 살펴보니 사주에서 가장 강한 기운을 가지고 있는 月支의 申金이 힘없는 年支의 寅木을 충하고 있어 용신의 뿌리가 흔들이고 있는 상태이며, 日支의 巳火를 喜神으로 정하고 명조를 살펴보니 時支의 亥水에게 충을 당하고 있으므로 명조 자체가 안정감을 이루지 못한 사주가 되었다.

결과적으로 寅申沖, 巳亥沖을 이루어 명조 자체가 지진이 일어나는 것과 같이 항상 지반이 불안한 상태가 되어 있다. 대운 역시 초년과 중년에 用/喜神과 반대로 흘러 어려운 생활을 하다가 말년에 겨우 20년간 따듯한 밥을 먹을 정도였다.

컴퓨터 프로그램으로 計數를 측정할 수 있는 무게중심이론인, '五行體用論'으로 五行指數를 검증해 보면, 金 5.4, 水 4.1, 木 2.2, 火 1.1, 土 0.0으로, '金體火木用組'에 火五行이 用神이 되고, 木五行이 喜神이 되었다.

만약 이 命主가 2024년 현재 나이 51세로 丁丑大運에 머물러 있어 아직도 고생 중이다. 하지만 철초 님 설명대로 56세 戊寅大運부터 '運轉東方(운전동방), 喜用合宜(희용합의), 得其溫飽(득기온포)'하였 지만, '庚運制傷生刧又逢酉年(경운제상생겁우봉유년), 喜用兩傷(희 용양상), 不祿(불록)'이 된 命主다. 庚運이면 76세에 접어든 시기니 옛날 사람치고는 長壽한 命主다.

『子平眞詮』심효첨의 月令을 중심으로 한 格局論에 의하면 印綬格 으로 위의 好格을 이루었다. 위의 〈事例 8〉과 같이 相神은 官星이 되 고 救神은 比刧이 되지만, 다시 取用論에서는, 印綬格에 (相神인 官 星이 없어 반대인) 傷/食을 쓰면 財運 역시 반대로 길하고 傷/食운도 길하다.[16] 또 위의 〈事例 8〉과 같이 抑扶論과 합치하는 이론이다.

	時	日	月	年〈事例 10〉
	壬	甲	癸	癸(인수격)
	申	寅	亥	巳(수체토화용조, 토불용)

52	42	32	22	12	02
丁	戊	己	庚	辛	壬
巳	午	未	申	酉	戌

임철초 선생님은 다음과 같이 풀이하셨다. 日柱가 甲寅으로 초거

---

16) "印綬而用傷食, 財運反吉, 傷食亦利", 위의 책, 같은 권, p. 38.

울에 태어나서 겨울나무는 불을 用神하는 것이 필수적이다. 四柱 중에 旺水 네 개를 만나고 있어 傷官(巳火)을 用神으로 잡으려 하나, 水를 막아 주는 土는 없다는 이유로 아름답지 못하다고 할 수 있으나, 묘하게도 寅/亥가 合을 맡고 있으므로 用神인 巳火가 '絶處逢生(절처봉생)'을 하니, 이러한 것을 '興發之機(흥발지기)'라고 한다.

그러나 초년 운이 西方金地라 日主와 用神이 상함을 당하니, 바람 불고 서리 내리는 세월을 보내면서 살아 보려고 東奔西走(동분서주)하며 뛰어다녀도 기회를 잡지 못하다가, 네 번째 運이 南方 火·土大運으로 돌아서면서 用神을 돕고, 印星을 포기하고 財星을 取하니 재물이 늘어 數萬이라, 장가도 들고 자식도 연달아 네 명을 보았다. 이로 말미암아 四柱를 볼 때에는 印綬가 작용하고 있을 때 (사주 자체에서) 財星을 만나면 적지 않은 禍를 만들 수 있다는 것이며, 財星을 用神으로 쓰지 않고도 재산을 크게 이룰 수 있다는 것을 알 수 있다.

譯評 이 명조 역시 地支로 四生地로 구성되어 있는 사주이다. 그러나 철초 님의 명조풀이와 같이 앞의 사주와 이 사주의 地支의 구조가 사뭇 다른 느낌이 든다. 각각의 地支가 相沖하는 것을 月支와 日支가 합을 하여 化木을 이루므로 인하여 沖이 해소되고 일간의 뿌리가 健旺(건왕)한 상태로 변한 명조이다.

일간을 중심으로 형세를 살펴보니 水勢가 왕하므로 이를 막아 줄 土를 찾았으나 없으므로 二次用神인 火를 찾으니, 年支의 巳火가 용신이 되면서 대운을 기다리면 된다. 초년 대운은 왕한 水氣를 도와주

는 忌神대운이었으나 중년 未大運부터 火土大運을 맞이하여 印星이
왕한 것을 食/傷의 도움을 받은 財星이 살아나 財剋印을 하므로 印星
을 포기하고 財星을 취하여 發財(발재)한 명조이다.

컴퓨터 프로그램으로 計數를 측정할 수 있는 무게중심이론인, '五
行體用論'으로 五行指數를 검증해 보면, 水 5.0, 木 4.0, 火 1.2, 土
0.0, 금 2.6으로, '水體土火用組'에 土五行이 不在不用하고, '水體火木
用組'가 되었다.

만약 이 命主가 2024년 현재 나이 12세로 壬戌大運에 戌運에 머물
러 있어 好運이기는 하지만, 철초 님이 설명하셨듯이 초년대운은 水
勢를 도와주는 西方大運이었으나, 4旬大運 이후 남방대운이 되어 '財
發數萬(재발수만)'에 '取妾(취첩), 連生四子(연생사자)'한 命主다.

『子平眞詮』심효첨의 月令을 중심으로 한 格局論에 의하면 이 명조
역시 〈사례 8〉, 〈사례 9〉번과 같이 印綬格으로 好格을 이루었다. 그
러면 相神은 官星이 되고 救神은 比劫이 되지만, 철초 님이 예를 든
사례명조는 時支의 偏官이 있으나 不用한다. 심효첨이 다시 말하기
를, 印綬格에 相神을 食/傷으로 쓸 경우 대운에서 財星을 만나면 오
히려 길하고, 또한 食/傷運도 역시 이롭다[17]고 하였다. 다행히 이 명
조 〈사례 10〉는 正官은 없고 偏官(이 偏官은 강한 印綬를 생하니 不
美하다.)은 있지만, 食/傷星을 相神으로 할 수 있다. 결론적으로 이
명조도 격국론과 억부론이 相合하는 用神論이 되었다.

---

17) "印綬而用傷食, 財運反吉, 傷食亦利", 위의 책, 같은 권, p.38.

時	日	月	年〈事例 11〉
戊	戊	丁	辛(상관격)
午	子	酉	卯(금체화목용조)

57	47	37	27	17	07
辛	壬	癸	甲	乙	丙
卯	辰	巳	午	未	申

임철초 선생님은 다음과 같이 풀이하셨다. 이 命造는 傷官格에 印綬를 用神으로 하고 喜神을 官星으로 하는데, 일반적으로 말하는 土金傷官格에 官星을 꺼린다는 것이 아니다. 卯·酉 沖으로 즉 印綬가 生助를 받을 神(卯)이 없어지고, 子·午 충으로 午火가 살아지므로, 傷官이 힘이 더욱 강해져 꺼리는 것 없이 날뛰고, 地支의 旺한 金이 水를 生하니 木과 火는 沖剋이 되어 이미 脫盡狀態(탈진상태)가 되었으며, 天干의 火와 土도 虛脫(허탈)한 상태이다.

이러한 결과로 공부를 하였으나 뜻을 이루지 못하고 살림살이 또한 苟且(구차)하였는데 다행히 기쁜 것은 天干으로 水가 투출하지 않아서 文彩(문채)와 風流(풍류)가 있고, 글 쓰는 법에 정통한 사람이었다. (그러나) 더욱 겸하여 中運에 天干으로 金水大運으로 흘러 뜻을 펼 수 있는 어려움을 면할 수가 없으니, 무릇 傷官佩印(상관패인)이 喜·用神을 木·火로 쓸 때는 (대운에서는) 金·水를 꺼리는 것이다.

譯評 증주자인 철초 님이 처음으로 格局論을 이용하여 看命(간

명)한 부분이다. 格局論에 의하면 傷官格에 정의를 다음과 같이하였다. 傷官은 비록 吉神은 아니나 실제로는 빼어난 기운이 되기 때문에 文人(문인)과 學士(학사)가 傷官格 내에서 많이 얻고 있다[18]고 하였듯이 오늘날에도 인정하는 명리학설이다.

그러나 증주자의 의도는 격으로서 구성 자체를 중요시한 것이 아니라 이 명조는 이름뿐인 '傷官佩印格(상관패인)'으로 好格이지만 그 격을 깨뜨리는 因子(神)가 주위에 포진되어 파격이 된 사례를 든 것이다.

이 명조의 地支는 子午沖과 卯酉沖으로 인하여 地震(지진)이 일어나는 듯하여 안정되지 못하고 항상 흔들리는 상태이다. 가장 강한 月令 傷官이 글자의 뜻대로 年干의 正官을 沖하여 印星을 돕지 못하게 하고, 傷官의 기운을 받은 日支의 財星 子水는 時支의 印星을 沖하여 日主를 돕지 못하게 하는 안타까운 현상이 벌어지고 있다.

아무튼 抑扶(中和)用神論으로 보아도 7월의 戊土가 신약하여 인성을 용신으로 정하고 관성을 희신으로 한다. 그런 후 대운을 살펴보니, 三旬運인 甲午大運이 가장 좋았을 것이고, 六旬運인 壬辰大運에 고전을 하였을 것이다. 왜냐하면 丁壬合木을 하여 그나마 天干에 힘없이 있는 丁火용신을 합하여 羈絆(기반)을 하고, 地支로는 子辰水局을 이루어 午火 印星을 사정없이 공격하기 때문이다.

컴퓨터 프로그램으로 計數를 측정할 수 있는 무게중심이론인, '五

---

18) "傷官雖非吉神, 實爲秀氣, 故文人學士, 多於傷官格內得之", 『子平眞詮評註』, 앞의 책, 권5, p.14.

行體用論'으로 五行指數를 검증해 보면, 金 4.6, 水 2.7, 木 1.3, 火 3.0, 土 1.3으로, 宗主五行이 金五行이므로, '金體火木用造'로 火/용신 이고 木/희신이 된다. 하지만 위에서 언급하였듯이 地支는 子午沖과 卯酉沖으로 인하여 地震이 일어나는 듯하여 안정되지 못하고 항상 흔들이는 상태가 되어, '未免有志難伸(미면유지난신)'이 된 命主다.

만약 이 命主가 2024년 현재 나이 14세로 丙申大運에 申運에 머물러 있고, 혹시 생존하였다면 74세가 되는데 과연 이 나이까지 살 수 있을지가 궁금하다.

『子平眞詮』심효첨의 월령을 중심으로 한 格局論은 철초 님의 설명으로 대신할 것이다.

時	月	月	年〈事例 12〉
壬	戊	辛	辛(상관격)
戌	辰	丑	未(토체목수용조, 목불용)

58	48	38	28	18	08
乙	丙	丁	戊	己	庚
未	申	酉	戌	亥	子

임철초 선생님은 다음과 같이 풀이하셨다. 이 命造는 地支에 辰·戌·丑·未가 전부 있어 아름다운 것이 아니라, 반가운 것은 辛金이 빼어나게 투출되었기 때문으로, 丑中의 原神이 투출하여 그 原神

의 빼어난 기운을 설기한다. 더욱 아름다운 것은 木과 火가 잠복하여 보이지 않아 四柱가 混濁(혼탁)하지 않고 純粹(순수)하게 맑아졌다.

西大運에 이르러 辛金이 得地(득지)하여, 鄕榜(향방)의 試驗에는 뽑혔으나, 후에 운이 남방으로 흐르기 때문에 木/火가 함께 旺하여져 用神인 辛金을 상하게 하니, 추천에 의하여 벼슬길에 나갔으나 뽑히지 못하였다.

譯評 앞의 9번, 10번 명조는 地支가 寅/申/巳/亥 四生地(사생지)로 예를 들었으며, 11번 명조는 四敗地(사패지)로 예를 들었으며, 이번 12번과 13번 명조는 四庫地(사고지)로 예를 들어 증주자의 치밀한 성격을 알 수 있는 부분이다. '後因運行南方(후인운행남방)'이라, 乙未대운으로, '由擧而進而不能選(유거이진이불능선)'이 된 명조이다.

컴퓨터 프로그램으로 計數를 측정할 수 있는 무게중심이론인, '五行體用論'으로 五行指數를 검증해 보면, 土 7.9, 金 2.3, 水 2.6 木, 1.1 火, 0.7로, 極旺宗主五行이 土五行이므로, '土體木水用組'로 木/용신이고 水/희신이 된다. 하지만, 木五行은 不在不用하고, '土體水金用組'가 되었다.

만약 이 命主가 2024년 현재 나이 34세로 戊戌大運으로 極旺 宗主(극왕종주) 오행인 土五行을 더욱 극왕하게 하여 어려운 상황에 처하여 있을 것이다.

『子平眞詮』또 傷官格이다. 심효첨의 격국취용론에서 '傷官格에 財星과 印星을 겸해서 쓰는 경우, 財星이 많고 印星이 함께 있으면, 運에서 印星을 돕는 것을 반기고, 印星이 많으면서 財星이 함께 있으면 運에서 財星을 돕는 것을 반긴다.'[19]고 하여 위의 사례명조와 같이 日主는 강하고 財星인 壬水가 약하므로 天干에 투출한 辛金(傷官)을 喜神으로 할 수 있다. 역시 격국론으로도 用/相神이 合致하는 결과가 나온다.

時	日	月	年〈事例 13〉
己	辛	壬	戊(인수격)
丑	未	戌	辰(토체목수용조, 목불용)

58	48	38	28	18	08
戊	丁	丙	乙	甲	癸
辰	卯	寅	丑	子	亥

임철초 선생님은 다음과 같이 풀이하셨다. 이 命造는 印綬인 土가 많아서 金이 묻히는 형상에다가 用神인 壬水는 傷盡(상진)되었다. 비록 未·辰土 속에 乙木이 있다 하나, (丑·未)沖이 아니었다면 혹시 運이 오기를 기다려, 꺼내어 빌려 쓸 수 있겠지만 이미 丑과 戌은 沖破되어 暗藏(암장)된 金이 서로 斫伐(작벌)을 하였다.

---

19) 傷官而兼用財印, 其財多而帶印者, 運喜助印, 印多而帶財者, 運喜助財. 『子平眞詮評註』, 앞의 책, 권5, p.25

이로써 妻을 剋하고 자식은 없으니 이러한 것으로 말미암아 이야기하건데, '四庫(사고)는 반드시 沖이 필요하다.'는 한 가지 이론에 執着(집착)하게 한 것은, 오로지 天干이 가지런하고 고른 것을 얻음이 마땅하며, 모름지기 用神은 힘이 있어야 하고, 歲運도 보조를 하면, 거의 偏枯(편고)한 병은 없을 것이다.

譯評 증주자인 철초 님은 이 命主의 대운도 설명하지 않고 사주 원국이 잘못된 것만 지적하고 있다. 戌月의 辛金日主가 지나친 母性이 病(母多滅子 : 모다멸자.)이 된 명조이다. 또한 女命으로 비유하자면 壬水(傷官)자식이 없었다면 오히려 왕한 기운을 따라 從旺格(종왕격)이 될 가능성도 있으나 그 자식의 반대로 改嫁(개가)할 수도 없는 운명이 되었다.

이 명조 또한 地支로 辰·戌沖과 丑·未沖이 불안정한 상태이다. 철초 님은 用神으로 天干에 투출된 壬水를 제1용신으로 보고, 喜神은 암장된 乙木을 喜神으로 보았으나 地支의 沖으로 인하여 破局(파국)이 되었다고 하였다. 지당한 해설이다. 이와 같이 사주체가 偏枯(편고)하면 현대적 병명으로 말기의 암이라고 할 수 있겠다.

마지막으로 철초 님의 마지막 설명인 '모름지기 用神은 힘이 있어야하고, 歲運도 補助를 하면, 거의 偏枯(편고)한 병은 없을 것이다'고 한 설명이 마음에 와 닿는다.

컴퓨터 프로그램으로 計數를 측정할 수 있는 무게중심이론인, '五行體用論'으로 五行指數를 검증해 보면, 土 8.5, 金 2.5, 水 1.8, 木

0.8, 火 1.3로, 極旺宗主五行이 土五行이므로, '土體木水用組'로 木/용신이고 水/희신이 되지만 木오행은 通力이 부족하여 不用하고, '土體水金用組'가 되었다.

만약 이 命主가 2024년 현재 나이 37세로 乙丑大運으로 丑대운에 머물러서 어려워지기 시작하는 대운이 되고, 이후 丙寅大運부터 더욱 어려워질 것이다. 그 이유는 木/火대운으로 흘러 극왕종주오행인 土五行을 오히려 도와주고 있다.

『子平眞詮』심효첨의 격국론으로는 인수격이다. 이 인수격의 정의는 〈사례 8〉, 〈사례 9〉번에 자세히 정리되어 있다.

다시, '論印綬取運論' 原文에 印綬格에 相神을 食/傷으로 쓸 경우 대운에서 財星을 만나면 오히려 길하고, 또한 食/傷運도 역시 이롭다[20]고 하였다. 위의 〈사례 10〉번과 같이 印綬가 강하여 財星으로 제하려 하나 財星(木)이 없어 次五行인 食傷(水)星을 쓰는 상황인데 오히려 印星이 極旺하여 용신인 食傷星을 극하는 것이 눈에 거슬린다. 더하여 대운에서도 재성(水氣)대운이 들어와도 印綬(土氣)가 강하여 逆剋(역극)을 당하는 꼴이다.

아무튼 격국론으로도 用/相神이 合致하는 결과가 나온다. 역시, 命好不如運好(명호불여운호)다. 즉, 명 좋은 것은 운 좋은 것만 못하다는 철초 님의 주장이 떠오른다.

---

20) "印綬而用傷食, 財運反吉, 傷食亦利", 위의 책, 같은 권, p.38.

時	日	月	年〈事例 14〉
癸	壬	辛	丙(상관격)
卯	子	卯	子(수체토화용조, 토불용)

57	47	37	27	17	07
丁	丙	乙	甲	癸	壬
酉	申	未	午	巳	辰

　임철초 선생님은 다음과 같이 풀이하셨다. 壬子日主가 地支에서 두 개의 陽刃(양인)을 만나고 天干에 癸水와 辛金이 투출하였으며, 五行 중에 土가 없고 丙火는 絶地(절지)에 앉아 있어 辛金과 합을 하여 水로 화하였다. 가장 기쁜 것은 卯木이 자기의 계절을 만나서 水를 설기하여 빼어나게 빛나고, 능히 劫財의 頑剛(완강)함을 화하여 빼어난 氣運을 유행시키니 사람 됨됨이가 공손하고, 예의가 있고 부드러운 가운데 절도가 있었다.

　甲大運에 이르러 木의 原神이 생겨나서 과거에 연달아 합격하고 午大運에는 卯木이 水氣를 설하여 火氣를 生하니, 乙未/丙大運까지 관직이 군수까지 이르러 벼슬길이 순탄하였다. 이 어찌 일반인들이 말하는 子・卯刑은 무례하다고 하며, 또 傷官과 羊刃이 만나 刑을 이루면 반드시 오만하고 무례하고 흉악함이 많다고 하겠는가?

　譯評 이와 같은 서술 방식이 바로 중주자인 임철초식이다. 자기의 주장을 밝힘에 있어 근거를 들어 마무리를 하는 것이 임철초식 명

리론이다. 이 명조의 용신은 月令에 傷官 卯木이며, 喜神은 年干의 丙火인데 喜神이 辛金과 합(覊絆)이 된 것이 아쉬운 명조이다. 그러나 중년대운과 말년에 蓋頭(개두)가 된 丙/丁火가 있어 合神을 풀어주어 '仕道平順(사도평순)'함으로 일생을 마무리하였을 것이다.

더하여, 일반적으로 논하는 '子卯爲無禮之刑(자묘위무례지형)'하고, '且傷官羊刃逢刑(차상관양인봉형)'하면, '必至傲慢無禮(필지오만무례), 凶惡多端矣(흉악다단의)'라고 하여 일반론적인 神煞論을 부정하고 있다.

컴퓨터 프로그램으로 計數를 측정할 수 있는 무게중심이론인, '五行體用論'으로 五行指數를 검증해 보면, 水 5.7, 木 5.6, 火 0.5, 土 0.0, 金 0.5로, 宗主五行이 水五行이므로, '水體土火用組'이나, 土五行이 不在不用하여, '水體火木用組'에 火/용신이고 木/희신이 된다.

만약 이 命主가 2024년 현재 나이 39세로 乙未大運으로 乙대운에 머물러서 好運이지만 52세 申大運부터는 金대운으로 접어들어 宗主五行인 水五行을 도우므로 불리한 대운으로 접어 들 것이다.

『子平眞詮』심효첨식 格局論에 의하면 傷官格으로 四凶神에 속한다. 위에서도 언급하였듯이 이 四凶神은 우선적으로 극하는 五行神을 相神으로 한다. 그러나 〈사례 11〉, 〈사례 12〉번에서 서술하였듯이 傷官格은 비록 吉神은 아니지만 예외적으로 실제의 秀氣인지라 文人과 學士들이 보통 이 格을 타고 난다고 하였다.[21]

---

21) 傷官雖非吉神, 實爲秀氣, 故文人學士, 多於傷官格內得之, 앞의 책, 권5, p.14.

또한 『자평진전』에 評註를 한 서락오는 傷官格에 일간이 강한 경우 관살로 剋制(극제)하는 것보다 食/傷을 써서 설기하는 것만 못하다[22] 고 하였다. 결국은 서락오도 剋보다는 洩을 택하였다. 그렇다면 위의 명조를 격국론자인 심효첨이 看命하였다면 중화론자인 철초 님이 설명한 '年干丙火臨絶(년간병화임절)'하고 '合辛化水(합신화수)'되어 救神(구신)이 羈絆(기반)된 財星을 救神으로 하였을 것이다.

다시 取用論에 의하면, 그러므로 傷官格에 財星을 相神으로 하는 경우 傷官은 官星에게 불리하게 하므로 흉하다고 (하지만) '傷官生財(상관생재)'하여 다시 官星을 생하므로 격을 갖추니 '轉凶爲吉(전흉위길)'이 된다. 그러므로 가장 이롭다. 단지 필요한 것은 身强하면서 財星이 뿌리가 있으면 바로 귀격이 된다.[23]

결론적으로 格局論에서 四凶神은 무조건 伏制해야 한다는 이론은 있지만 그 강한 기운을 빼(洩)는 오행을 쓰면 더욱 기묘하다고 한다. 결국 심효첨은 대운에서도 傷官格에 財星을 相神으로 할 경우 財運을 반기고 傷官運도 마땅하다[24]고 하였다.

---

22) "身旺者用官煞之剋, 不如用食傷之洩", 『子平眞詮評註』, 앞의 책, 권5, p.14.
23) "故傷官用財者, 蓋傷不利於官, 所以爲凶, 傷官生財, 卽以傷官爲生生官之具, 轉凶爲吉, 故最利, 只要身强而財有根, 便爲貴格.", 위의 책, 같은 권, p.15.
24) "身强財淺, 則喜財運, 傷官亦矣", 위의 책, 같은 곳, p.22.

축약 적천수천미 용신분석

時	日	月	年〈事例 15〉
丁	庚	乙	辛(정관격)
亥	辰	未	未(금체화목용조)

51	41	31	21	11	01
己	庚	辛	壬	癸	甲
丑	寅	卯	辰	巳	午

임철초 선생님은 다음과 같이 풀이하셨다. 庚辰日主가 늦여름에 태어나 金氣運이 進氣(진기)이며, 土가 권세를 잡고 있는 때이고, 기쁜 것은 丁火가 사령이라 원신이 투출하여 그것을 用神으로 삼으니 능히 劫財인 辛金을 제압할 수 있다. 未土는 火의 餘氣(여기)이고, 辰土 안에는 木의 餘氣가 있으니 財星과 官星이 모두 通根(통근)하여 기운이 있다.

더욱이 묘한 것은 亥水가 土의 氣運을 윤택하게 하고 金을 씻어주고 木을 키우니 사주가 결함이 없다. 운이 동남으로 향하여 金/水는 虛(허)하고, 木/火는 實(실)하니 일생 흉도 없고 위험도 없었으며, 辰大運 午年에 財/官/印이 모두 서로 생하고 도와주어, 鄕榜(향방)에 합격하고 琴堂(금당)을 거쳐 司馬(사마)에 이르렀다. 수명은 丑大運에서 다하였다.

譯評 이 명조의 用神은 丁火며, 喜神은 甲/乙木인데 乙木은 일주와 합을 하고 있는 상태에서는 목의 기운보다는 金氣運으로 化하는

기회를 기다리는 중이다. 더하여 日支의 辰土 역시 庚金을 돕고 年干의 辛金도 金氣運을 성하게 하니, 일주의 기운을 제압하는 丁火를 용신으로 정하고 用神을 돕는 喜神은 사주체에 없으므로 대운을 기다리는 수밖에 없다.

다행히도 逆大運이라 地支로 午/巳/卯/寅의 대운이 흐르므로 다행이나 天干으로는 忌神과 仇神運으로 흐르며 특히 壬辰大運에는 고전을 면치 못하였을 것이다. 중주자의 설명의 의도는 심효첨의 격국용신론에서 주장하는 論用神變化(론용신변화)장의 설명과 유사하게 중화용신론을 설명하고 있다.

컴퓨터 프로그램으로 計數를 측정할 수 있는 무게중심이론인, '五行體用論'으로 五行指數를 검증해 보면, 金 4.0, 水 1.7, 木 1.7, 火 2.8, 土 3.6으로, 宗主五行인 金五行이 4.0으로 未達宗主五行이지만 次宗主五行인 土五行이 3.6으로 金五行을 도와주므로 金五行이 강해져 '金體火木用組'가 되었다.

만약 이 命主가 2024년 현재 나이 34세로 辛卯大運으로 辛대운에 머물러서 약간 어려워 보이는데, 地支로 卯大運 折脚(절각)이라 다행이다.

『子平眞詮』심효첨의 격국론으로는 未月의 庚金日主는 印綬格이 되지만 未土는 잡기격으로 구분하여 그 地藏物(지장물) 중에 투출된 오행으로 격용신을 잡는다. 그렇다면 이 명조는 未中 餘氣인 丁火가 時干으로 투출하고 中氣인 乙木이 月干으로 투출하여 正財/官格이 되지만 餘氣인 官星이 보다 강하므로 격용신을 잡는다는 이론이 있다.

따라서 심효첨의 용신의 변화론은 〈사례명조 7〉에 설명을 참조한다. 이와 같은 맥락에서 심효첨의 격국론에 의한 본래의 격용신은 印綬格인데 '用神變化'에 의하여 투출된 丁火가 正官格이다.

이 正官格을 심효첨 선생은 다음과 같이 定義하셨다. '官은 일주를 극하는 것이다. 그러나 비록 七煞과 다른 점이 있다. 끝내는 저(正官)에게 (일주가) 剋制를 받으면서도, 어째서 절대로 刑/沖/破/害를 꺼리는 것인가? (그 이유는) 地位가 높기 때문이다. 天地間에 사람이 살면서 반드시 바로잡지 (教育, 矯正) 않고, 스스로가 지위가 높을 理由가 없다는 것을 어찌 알겠는가? 비록 지극히 귀함이 天子가 되면, 또한 天祖가 임명하기 때문이다.

正官이란 마땅히 지위가 높음을 분별해야 한다. 마치 나라에는 君主가 있고, 집에는 親父가 있는 것이다. (때문에) 刑/沖/破/害는 아랫사람이 윗사람에게 범하는 것이니, 어찌 (刑/沖/破/害) 가능한 일이겠는가?'[25]라고 하셨다.

또 이 正官격은 相神을 財星으로 하고 救神을 印綬로 한다. 때문에 이 격용신인 丁火는 亥水 위에 있어 약한 듯하지만 亥水 안에 地藏干 중 甲木의 扶助와 壬水의 合木氣의 暗助(암조)로 인하여 약하지는 않다. 더욱이 이 格用神을 돕는 相神大運으로 地支의 흐름에 의하여 好

---

25) 官以剋身, 雖與七煞有別, 終受彼制, 何以切忌刑沖破害, 尊之若是乎, 豈知人生天地間, 必無矯焉自尊之理. 雖貴極天子, 亦有天祖臨之, 正官者分所當尊, 如在國有君, 在家有親, 刑沖破害, 以下犯上, 烏乎可乎. 『子平眞詮評註』 권4, p.1

命이 되었다. 역시 억부론과 격국론이 합치하는 명조다.

時	日	月	年 〈事例 16〉
丁	庚	乙	辛(인수격)
丑	辰	未	丑(금체화목용조)

58	48	38	28	18	08
己	庚	辛	壬	癸	甲
丑	寅	卯	辰	巳	午

임철초 선생님은 다음과 같이 풀이하셨다. 이 命造는 앞의 命造(辛未/乙未/庚辰/丁亥)와 대동소이하다. 財星과 官星이 역시 통근하여 힘이 있으며, 앞 命造는 丁火가 월령을 다스리고, 이 命造는 己土가 월령을 다스리고 있다. 더욱이 싫은 것은 시간이 丑時라서 丁火를 꺼지게 하여 辛金이 굳세고 방자함이 극에 달하였으며, 沖하여 未中에 木火의 작은 뿌리들은 살아져, 비록 財星과 官星이 있다하나 마치 없는 것과 같다.

初運 甲午大運에 木火가 함께 왕하여 부모님의 덕택으로 여유가 있었으나, 癸巳大運을 지나면서, 癸水에 의하여 丁火가 극을 당하고 丑土와 합을 하여 傷官과 劫財가 함께 왕해져 식구가 죽고 재산이 깨지고 줄어들었다.

壬辰大運에는 마누라와 자식이 모두 죽고, 가업 또한 쓸어버리고 나니 남는 것이 하나도 없어, 삭발하고 중이 되었다. 이것이 일반적

으로 이야기하는 丑·未 沖하여 財星과 官星의 양쪽 창고를 열어서
명예와 이익을 둘 다 갖춘다는 것인가?

　　譯評　증주자인 철초 님은 이 명조를 예시하면서 격국론과 조후
론으로 간명을 하면 앞의 명조와 같이 上格이 될 명조가 年支와 時支
의 글자가 바뀌므로 抑扶(中和)用神論에서는 다르게 用神을 취한 경
우이다. 다시 말해서 前造와 此造를 비교하면 격국용신과 조후용신
의 관심 밖의 대상인 年支의 未土가 丑土로 변하고 時支의 亥水가 丑
土로 변함으로서 此造는 '土多金埋(토다금매)'의 형국을 이루므로 격
국용신과 조후용신이 결정한 용신론만 가지고는 好命(호명)과 不好
命(불호명)을 판단할 수 없다.
　　그 이유는 대운 역시 앞의 사주와 같이 天干으로는 기신과 구신운
이 흐르고 地支로는 用神과 喜神運으로 흐르지만 같은 大運인데도
癸巳大運과 결정적인 壬辰大運에 삭발하고 중이 될 정도가 되었다.
이렇게 '天壤之差(천양지차)'가 생긴 이유는 사주 자체가 지나치게 偏
枯(편고)하여, 즉 사람으로 설명하면 자체적인 고질병에 의하여 면역
력이 떨어져 외부로부터 들어오는 세균을 막아 낼 수없는 상태에 이
른 것이다.
　　이를 증주자인 철초 님은 '四柱가 偏枯'하다고 하였다. 특히 마지막
글귀 '일반적으로 이야기하는 丑·未, 沖하여 財星과 官星의 양쪽 창
고를 열어서 명예와 이익을 둘 다 갖춘다는 것인가?'라고 하여 四庫
(사고)는 충을 하여 문을 열어 그 안에 있는 물건을 꺼내 써야 한다는

기존 속론을 반박하고 있다. 이와 같은 반박론은 심효첨도 역시 같은 입장에서 반박론[26]을 펴고 있다. 이와 같은 반박론은 아마도『연해자평』에 영향을 받은 후학들이 墓庫(묘고)에 들은 오행을 開庫(개고)를 하여 써야 한다고 하였는지 모른다.『연해자평』,「墓庫詩訣(묘고시결)」에 다음과 같은 내용이 나온다. "墓庫는 원래 葬神(장신)이다. 하나의 正印이 있으면 자세히 추론하여야 한다. 相生하고 相順하며, 相剋이 없으면 부귀 가운데 다음으로 나눈다. 사람의 명에서 墓庫를 만나면 곡식을 쌓고 재물을 쌓은 것이 헤아릴 수 없으면서도 아끼고 탐하여 한 푼도 쓰려 하지 않으니 늙음에 이르러서는 (남들이) 수전노라고 부른다."[27]고, 한 것에 의하여 수전노 소리를 듣기 전에 開庫를 하여 꺼내 써야 한다는 속설이 형성될 가능성은 충분하다고 생각된다. 한편 명리학적으로 開庫의 방법은 형충에 의하여 開庫를 하라는 것인데 위 두 사람은 속설을 부정하고 있다. 물론 현대명리학계에서도 이 부정설을 따르고 있다.

컴퓨터 프로그램으로 計數를 측정할 수 있는 무게중심이론인, '五行體用論'으로 五行指數를 검증해 보면, 확실하게 金 5.3 水 1.4, 木

---

26) "辰/戌/丑/未는 刑과 沖을 가장 반긴다. 財/官이 入庫가 되어 沖하지 않으면 불발한다고 하였는데 이 설은 일반적인 俗書에 많이 일컫고 있는 것이지만 자평 선생이 사주를 지으면서는 이런 설은 없었다."(辰戌丑未最喜刑沖, 財官入庫, 不沖不發, 此說雖俗書盛秤之, 然子平先生造命, 無是說也.),『子平眞詮評註』2권,「論墓庫刑沖之說」, 앞의 책, p.67.

27) "墓庫原來是葬神, 一位正印細推論, 相生相順無相剋,富貴之中次第分, 人命若還逢墓庫, 積穀堆財難計數, 慳貪不使一文錢, 至老人呼守錢奴"『淵海子平』권5,「墓庫詩訣」, 앞의 책, p.30.

0.9, 火 2.3, 土 4.2으로, '金體火木用組'로 前造와 동일한 用/喜神이 되지만 위의 명조 〈事例 15〉는 用/喜神이 有根有力(유근유력)하여 대운의 영향을 덜 받는 반면, 이 명조〈事例 16〉는 用/喜神이 無根無力(무근무력)하여 時干의 丁火는 熄滅(식멸)하고, 月干의 乙木이 年干의 辛金과 日主인 庚金과 爭財(쟁재)가 일어나기 때문에 철초 님은 이 命主는 결국 '削髮爲僧(삭발위승)'이 되었다고 설명하고 있다.

만약 이 命主가 2024년 현재 나이 64세로 己丑大運으로 丑대운에 머물러 아마도 지금 세상에 없는 사람일지도 모르겠다.

『子平眞詮』심효첨의 격국론으로는 앞의 명조는 철초 님이 설명하시듯 時干의 丁火가 司令하여 정관격이고 이 명조는 己土가 司令하여 印綬格이 되지만 컴퓨터 프로그램으로는 '金體火木用組'로 火/木五行이 用/喜神이 되지만 철초 님이 설명하시듯 '癸巳大運을 지나면서, 癸水에 의하여 丁火가 극을 당하고 丑土와 합을 하여 傷官과 劫財가 함께 旺해져 식구가 죽고 재산이 깨지고 줄어들었다.'는 것이 정답이다.

時	日	月	年〈事例 17〉
庚	甲	乙	庚(칠살격)
午	寅	酉	戌(金化氣格)

53	43	33	23	13	03
辛	庚	己	戊	丁	丙
卯	寅	丑	子	亥	戌

임철초 선생님은 다음과 같이 풀이하셨다. 이 命造는 天干으로 두 개의 金이 透干하여, 가을인 제철의 氣運을 바로 받았으며, 地支로는 (寅·午·戌) 火局을 이루어 비록 殺氣運을 制하는 노력은 있으나, 극하고 설하는 것이 서로 보고 있으며, 더하여 庚金의 날카로움은 제철을 만나 성하여, 위엄으로 제하는 것보다 덕으로 화하는 것보다 못하니, 화하여 덕을 쌓는 것이 日主에게는 유익한 것이다.

(庚金을) 제하려고 위엄을 갖춘 (火는) 일주의 기운을 洩하는 것이고, 이러한 것을 미루어 본 결과로 火局(화국)의 모임은 기쁘지도 않을 뿐만 아니라, 오히려 火局이 병이 된다. 그러므로 子運 辰年에 천하를 호령하였으니 (그 이유는) 자수가 火局을 충파하여 午火인 왕신을 제거하였기 때문이며, 子水는 庚金의 性情을 유도하여 日主인 나의 氣運을 유익하게 작용하였고, 濕土인 辰土는 능히 火氣運을 洩하고 나의 子水와 함께 日主의 근원을 북돋아 주었기 때문이다.

譯評 官殺이 混雜太旺(혼잡태왕)하여 일주가 지나치게 약하다. 특히 日支의 寅木은 時支의 午火와 半合으로 유인되므로 뿌리가 상실되었다. 만약 일주가 어느 정도 힘을 쓸 수 있다면 '食傷制煞格(식상제살격)'으로 대귀격이 되지만 심효첨의 주장대로 '煞이 중하고 신약한 경우에는 食/傷을 감당하지 못하여 돌이켜 印綬運을 취하니만 못하다.'고 한 것으로 보아, 증주자인 철초 님이 子大運 辰年에 천하를 호령하였다는 주장을 인정한다.

그러나 증주자의 설명대로 寅·午·戌 火局은 인정할 수 없다. 왜냐하면 年支의 戌土는 庚戌年에 乙酉月로 乙庚合金과 酉戌 半方局을 이루어 오히려 金化가 되려는 성질로 변해 있는 처지가 되었기 때문이다.

컴퓨터 프로그램으로 計數를 측정할 수 있는 무게중심이론인, '五行體用論'으로 五行指數를 검증해 보면, 확실하게 金 7.1, 水 0.0, 木 3.2, 火 3.1, 土 0.0으로, 특수격이라고 나온다. 즉, '金化氣格'으로 土/金/水 중 金/水가 用/喜神이 된다. 하지만 본 역평자가 평시 갖고 있는 '化氣格' 이론과는 조금 차이가 난다. 즉, '化氣格'이 되기 위해서는 그 格을 극하는 오행이 사주 자체에 있으면 不化한다는 이론이다. 하지만 아래 심효첨 선생도 임철초 선생과 같은 이론을 서술하신다.

만약 이 命主가 2024년 현재 나이 55세로 辛卯大運으로 辛대운에 머물러 있지만, 33세 己丑대운과 43세 庚대운 5년은 넘길 수 있는지는 모르지만, 48세부터 들어오는 寅대운에 寅/午火局에 더욱 火勢가 강해져 이 대운을 넘길 수 있을지가 걱정이 된다.

『子平眞詮』이 七煞格의 定義는 〈사례 5〉에 자세히 설명하고 있다. 이 사주를 심효첨의 격국론에 의하면, 月令이 酉月이라 甲木日主 대비 正官格이다. 그러나 天干으로 兩透한 庚金 七煞이 있어 관살혼잡격으로 무조건 官煞을 제하는 火(食/傷)가 상신이 된다. 그러나 煞이 중하고 身弱한 경우에는 食/傷을 감당하지 못하여 돌이켜 印綬運을 취하니만 못하다. 비록 月令에 통근을 하지 못하였어도 역시 無情하기도 하고 有情하기도하다. 격 역시 귀함을 허락하지만, 단 크게 되지는 못한다[28]고 한 것을 보면 증주자인 철초 님이 印星인 子水를 用神으로 정하고 대운을 기다린 것은 아마도 심효첨의 격국론에 영향을 받은 듯하다.

時	日	月	年〈事例 18〉
丙	丁	癸	丁(잡기칠살격)
午	卯	丑	巳(화체수금용조)

57	47	37	27	17	07
丁	戊	己	庚	辛	壬
未	申	酉	戌	亥	子

임철초 선생님은 다음과 같이 풀이하셨다. 丁火日主가 비록 늦겨울에 태어났지만 比肩 劫財가 많고, 癸水의 氣運은 물러가는 시기라서 用神으로 쓰기에는 부족하니, 반드시 丑中 辛金이 用神이다. 丑土는 辛金을 보호하며 劫財을 설하고 財星을 생하니 이것을 말하여, 用神을 돕는 喜神이라 한다.

꺼리는 바로는 卯木이 劫財를 生하고 奪食(탈식)을 하니 병이 되었다. 이러한 결과로 젊어서 처와 자식으로 고통 받는 일이 생겼으나[29] 壬子 辛亥大運에 巳火와 午火를 大運에서 暗沖(암충)을 하여서 부모

---

28) "有煞重身格, 用食則身不能當, 不若轉而取印, 雖不通根月令, 亦爲無情而有情, 格亦許貴, 但不大耳",『子平眞詮註』권5, p.3.

29) '이러한 결과 —— 생겼으나…'까지 합당하지 않다. 왜냐하면 임자대운이 7세부터로 이전에 처와 자식이 있었다는 말이 안 된다.

의 음덕이 여유가 있었다.

庚戌運에 戌土가 들어와 午火와 合을 이루어 재산이 깨지고 살아지는 고통을 받았으나, 己酉大運에 이르러서야 金局을 이루어서 병의 근원인 卯木을 제거하므로 재산이 늘어 십여만이 되었다. 이것으로 말미암아 보건대, 들어오는 충은 忌神을 沖하여야 하고 들어와서 會局을 만들려면 喜神局을 이루어야 적지 않은 복을 이루는데, 오히려 들어오는 神이 喜神을 沖하든지 들어오는 會局이 忌神局을 이룬다면 재앙이 적지 않음이라, 이러하니 暗沖暗會(암충암회)의 이치를 소홀함이 옳겠는가?

譯評 丑月의 丁火日主, 丑土(食神)의 설기로 일주가 허약한데, 주변에서 도와주는 형제(比劫)들과 日支 卯木의 도움으로 '弱變爲强(약변위강)'의 상태가 되었다. 이러한 이유로 강한 火氣로 충만한 사주체를 증주자인 철초 님은 퇴기라고 하였지만 丑中의 餘氣(여기)에 통근을 한 癸水 하나로 억제하기는 매우 어려운 지경이다. 철초 님은 丑土에 포장되어 있는 辛金을 用神으로 보고 있지만, 컴퓨터 프로그램에서는 '水/金用喜神'이 된다.

計數를 측정할 수 있는 무게중심이론인, '五行體用論'으로 五行指數를 검증해 보면, 확실하게 火 4.8, 土 2.7, 金 0.7, 水 2.3, 木 3.0으로 火五行이 宗主五行으로 '火體水金用組'로 水/金五行이 用/喜神이 된다. 격국론으로는 '財滋弱煞格(재자약살격)'이 되었다. 대운 역시 陰年生 乾命으로 逆大運으로 흘러 好運이 된 命主다.

만약 이 命主가 2024년 현재 나이 48세로 戊申大運으로 戊대운에
들어 용신인 癸水와 合이 되어 위험한 처지가 될 것이다. 이 대운을
넘기고 申대운은 好運이 되지만 57세 丁未大運이 오면 宗主五行인
火오행이 도와 不美한 일이 벌어질 것이다.

『子平眞詮』 심효첨의 格局論이 의하면, 丑中 癸水가 月干에 투출하
여 雜氣七煞格이다. 이 七煞格은 〈사례 5〉, 〈사례 17〉에 잘 定義되어
있다. 심효첨은 이 七煞格도 여느 타격과 마찬가지로 알맞은 制伏(제
복)이 되면 오히려 훌륭한 인물이 이 格에서 많이 나온다고 하였다.
그러나 이 명조에서 임철초 님은 일주가 강함을 감안하여 偏官을 用
神으로 하고 財星을 喜神으로 하였다. 그렇다면 이 명조를 격국론의
심효첨은 어떻게 풀어야 할까? 일주가 '弱變爲强(약변위강)'이 되어
煞이 일주를 감당할 수 없어 오히려 살을 보호해야 한다.

그래서 다시 심효첨은 다시 取用論에서 말하기를, "日主가 重하고
煞이 輕한데 더하여 煞이 印星에 引化(官生印)되면 용신이 不清해지
므로 財星을 빌려 (財生官하면) 清格이 되고 또한 貴格이 된다."[30]고
하였다. 결론적으로 중화용신론으로 '財滋弱煞格(재자역살격)'이 되
어, 격국론과 중화론이 이 명조 〈事例 18〉는 用(相)神이 동일하게 되
었다.

다시 심효첨은 取運論에서 말하기를, "干頭로 財星이 투출하지 않

---

30) "又有身重煞經, 煞又化印, 用神不清, 而借財以清格 亦爲貴格, 如甲申/乙亥/丙戌/
庚寅, 有運使命是也", 위의 책, 같은 권, p.5.

았으면 청하기 때문에 相神으로 역시 취할 수 있어 귀하게 된다."[31]
고 하였다. 이와 같은 이론이라면 丑中 辛金은 相神으로 정하고 대운
을 보면 天干으로 庚/辛金은 好運이지만 戊土運은 격용신인 癸水를
合하는 食/傷運이라 凶運이 된다.

<table>
<tr><td></td><td></td><td>時</td><td>日</td><td>月</td><td>年〈事例 19〉</td></tr>
<tr><td></td><td></td><td>辛</td><td>丙</td><td>辛</td><td>庚(록겁격)</td></tr>
<tr><td></td><td></td><td>卯</td><td>寅</td><td>巳</td><td>寅(목체금토용조)</td></tr>
<tr><td>57</td><td>47</td><td>37</td><td>27</td><td>17</td><td>06</td></tr>
<tr><td>丁</td><td>丙</td><td>乙</td><td>甲</td><td>癸</td><td>壬</td></tr>
<tr><td>亥</td><td>戌</td><td>酉</td><td>申</td><td>未</td><td>午</td></tr>
</table>

임철초 선생님은 다음과 같이 풀이하셨다. 丙火가 초여름에 태어
나고 地支에는 두 개의 寅木과 하나의 卯木이 있고, 巳火가 季節의
勢力을 잡았으며, 寅木中에 丙火(日干)가 透出하였다. (때문에 신강
명조가 되었다. 그 원인으로 用神은) 비록 天干의 庚辛金으로 정하였
으나, 뿌리가 없어 虛空에 뜬 상태가 되었기에, 初年에 壬午 癸未大
運은 뿌리가 없기에 (壬/癸水가) 능히 金氣를 설하고, 地支는 午未 南
方火運이므로 더욱 旺한 火를 도우니 財星의 氣運은 이미 소진되므
로, 비록 조상의 유업은 풍부하였으나 일찍 부모님이 돌아가셨다.
甲木이 申金에 임하고 있어 본래는 큰 우환은 없어야 하는데, 歲運

---

31) "有雜氣七煞, 干頭不透財以淸用, 亦可取貴", 『子平眞詮評註』, 권5, 앞의 책, p.5.

이 木火運이라 마누라가 죽고 자식을 극하고, 집안이 쑥대밭이 되었다. 그러다가 한번 申大運을 만나서 병의 원인인 寅木을 暗沖(암충)하여 제거하고 天干에 떠있던 財星(庚辛)이 통근이 되어, 마치 말라가는 싹이 비를 만난 것처럼 우직하고 일어나 흥하였으며, 이어서 乙酉大運까지 십오 년간 스스로 창업하여 조상의 재산보다 수배로 늘렸다.

申大運부터 驛馬에 財를 만나, 타향으로 가서 (15년간) 장사를 하여 재산이 십여만이었으나, 丙戌大運에 歲運 丙子年에 흉은 많고 길은 적은 탓으로 중풍을 맞아 일어나지 못하였다. 比肩이 財를 가지고 다투고 이어 絶地(절지)를 만나게 되었으며, 子水가 火를 극하기에는 부족하고 반대로 寅/卯木을 생해 주었기 때문이다.

譯評 사주 전체가 木/火와 金氣運으로 이루어졌다. 특히 월령이 巳火이고 地支로 寅/卯木이 있어 日干이 강왕한 상태에서 火勢가 강하면 水로 消火시켜야 하는데 사주 자체에 없으면 다음으로 水를 생하는 金을 찾으니 月支中 庚金에 통근한 年干의 庚金을 용신으로 하고 다시 天干으로 두 개의 辛金의 도움으로 庚金을 용신으로 하고 大運을 기다린다.

金이 용신이면 土가 喜神이 되는데 土는 두 종류로 나누어진다. 즉 乾土와 濕土로 나누어지는데 이 명조에 필요한 喜神인 土는 濕土이다. 戌土는 乾土에 해당하므로 금에 도움이 되는 것이 아니라 오히려 화세를 더욱 강하게 하는 성질이 있다. 때문에 丙戌大運에 불행을 당하게 된 것이다. '好命不如好運(호명불여호운)'이다.

컴퓨터 프로그램으로 計數를 측정할 수 있는 무게중심이론인, '五行體用論'으로 五行指數를 검증해 보면, 木 4.9, 火 3.3, 土 0.0, 金 4.8, 水 0.0으로 木五行이 金五行보다 0.1 차이로 宗主五行이 되므로, 剋法取用하여 '木體金土用組'로 金을 取用한다. 金은 통력이 충분하므로 금이 용신이 된다. 庚 6, 辛 3.3, 辛 0.9, 巳中庚 4가 되기 때문이다.

만약 이 命主가 2024년 현재 나이 15세 壬午大運에 午대운에 있어 고생 중에 있는 상태일 것이다. 그러나 33세 申大運이 기대된다.

『子平眞詮』 심효첨의 格局論에 의하면, 巳月의 丙火는 建祿格이다. 建祿格과 祿劫格은 하나의 格으로 같이 본다[32]고 하였다. 그러한 이유로 심효첨은 계속해서 말하기를, "祿劫格에 財星을 相神으로 할 경우 반드시 食/傷星과 함께 해야 한다. (왜냐하면) 月令이 劫財가 되어 財星에게 작용하여 二者가 相剋이기 때문에 반드시 食傷으로 劫財를 化해야 비로소 劫財의 (性情을) 轉化하여 財星을 생하기 때문이다."[33]고 하였다.

결론적으로 철초 님이 제시한 위의 명조와 심효첨이 제시한 명조는 祿劫格에 財/食傷이 相神이 된다. 또한 大運에서도 祿劫이 財星을 相神으로 할 경우 반드시 食/傷을 거느려야 한다[34]고 하였으며, 만약

---

32) "建祿者, 月建祿堂也, 祿則是劫, 故建祿與月劫, 可同一格", 『子平眞詮評註』 권5, p. 39.
33) "祿劫用財, 須帶食傷, 蓋月令爲劫而以財作用, 二者相剋, 必以傷食化之, 始可轉劫生財, 如甲子/丙子/癸丑/壬辰, 張都統命是也", 위의 책 같은 권, p. 41.
34) "祿劫用財, 須帶食傷", 위의 책, p. 41.

에 財星을 相神으로 할 경우 食傷이 투출하지 않았으면 곧 發端하기
가 어렵다[35]고 하였다.

이와 같은 결과로 보면, 格局論에서는 祿劫이든 陽刃이든 가장 먼
저 찾는 것도 또한 制刃(제인)을 하는 官星을 찾고 없으면 후순위로
財星을 찾고 다음으로 食/傷을 찾는 방법을 취한다. 여기서 抑扶論
과 格局論의 이론이 같아지는 이유는 일간을 위주로 억부론을 펴는
중화용신론도 우선적으로 월령을 살피는데 일주가 月令을 타고 나면
극소수를 제외하고는 강해지기 때문이다.

時	日	月	年〈事例 20〉
癸	丙	辛	戊(재격)
巳	午	酉	辰(금체화목용조)

57	47	37	27	17	07
丁	丙	乙	甲	癸	壬
卯	寅	丑	子	亥	戌

임철초 선생님은 다음과 같이 풀이하셨다. 이 命造는 財星이 당령
하여 왕하고, 더욱이 年上의 食神이 生助를 하고, 日主는 時支에 祿
이 있어 뿌리가 없다고는 할 수 없으니, 그래서 부유한 집에서 태어
났다. 時干에 癸水가 투출하여, 巳火가 세력을 잃고, 멀리 떨어진 酉
金을 만나서 같이 金이 되었다. 五行 중 木이 없이 오로지 午火의 도

---

35) "用財而 不透傷食, 便難於發端", 위의 책, p. 45.

움만을 의지하고 있으니, 즉 癸水가 病임에 확실하다.

한번 子水運을 만나 癸水가 祿을 만나고 子水와 辰土가 합쳐 水가 되고 酉金과 무리를 지어 子水가 午火를 충하는데, 사주에서 해결하고 구해 줄 神을 찾았으나 없다. (때문에) 이른바 왕한 것이 쇠한 것을 沖하여 뿌리가 뽑혀(旺者沖衰衰者拔/왕자충쇠쇠자발)져서 집안이 몰락하여 죽었다. 만약에 大運이 東南의 木/火大運으로 흘렀다면 어찌 명예와 부가 온전하지 않았겠는가?

譯評 이 명조는 '財多身弱' 사주이지만, 다행인 것은 日干과 日支가 同柱하여 일간의 뿌리가 있어 다행이다. 그러나 태어난 시간이 癸時로 正官 癸水가 巳火 중 庚金의 도움을 받아 日干인 丙火를 언제든지 흐리게 할 수 있는 처지다. 결국 이 사주의 병은 癸水가 되고 대운 역시 이 癸水를 돕는 대운으로 흐르므로 결국 子大運에 운을 다하게 되었다. 이와 같이 旺한 神이 衰한 神을 沖하면 衰者가 뽑혀 '破家亡身(파가망신)'이 되었다.

결론적으로 왕한 수세를 막아 주기 위해서는 印星인 木이 필요한데 그 인성은 전무하다. 때문에 官星이 들어올 경우 印星이 化官(화관)하여 護身(호신)할 자리는 이 명조에서 癸水가 있는 곳에 바로 印星이 있어야만 好命이 될 명조이다. 이와 같이 사주체에 필요한 용신을 정해 놓고도 용신이 보이지 않고, 대운에서 도와주지 못하면 발복하지 못한다. 즉 '命好不如運好'이다.

컴퓨터 프로그램으로 計數를 측정할 수 있는 무게중심이론인, '五

行體用論'으로 五行指數를 검증해 보면, 金 6.3, 水 0.7, 木 0.0, 火 3.3, 土 2.3으로 金五行이 宗主五行이 되므로, 剋法取用하여 '金體火木用組'로 火를 取用하지만 여기까지다. 왜냐하면, 뒷받침해 줄 만한 印星이 全無하여 官煞運이 들어오는 대운에서 化煞할 喜神이 사주에 없기 때문이다. 매우 안타까운 命主가 되었다.

만약 이 命主가 2024년 현재 나이 37세로 철초 님은 '한번 子水運을 만나 癸水가 祿을 만나고 子水와 辰土가 합쳐 水가 되고 酉金과 무리를 지어 子水가 午火를 沖하는데, 四柱에서 解決하고 救해 줄 神을 찾았으나 없다. (때문에) 이른바 旺한 것이 衰한 것을 沖하여 뿌리가 뽑혀져서 집안이 沒落하여 죽었다.'고 한 命主다. 안타깝다.

『子平眞詮』 격국론으로는 완벽한 財格이 된다. 이 財格의 定義는 〈사례 6〉번에 자세히 설명하고 있다.

또, 심효첨의 取運論에 의하면, "(財格用神에) 일주가 약하면 印/比를 반긴다. 官運은 또한 장애가 있다. 煞運은 오히려 꺼리지 않는다."[36]고 하였다. 다시 取運論에서 심효첨은 말하기를, "財格에 佩印 (패인)이 된 명조는 財星이 외로우면 不貴하다. 佩印하여 일주를 도우면 즉, 貴格을 취한다. 마치 乙未/甲申/丙申/庚寅으로 曾參政의 命이 그렇다. 그러나 財星과 印星이 함께 서로 함께 있으면 마땅치 않다. 마치 乙未/己卯/庚寅/辛巳는 乙木과 己土가 서로 능력을 발휘하

---

36) "身輕則喜比印, 官運亦礙, 煞反佛忌也", 『子平眞詮評註』 권4, 앞의 책, p. 23.

지 못한다. 즉, 좋은 자리에 있어도 小富가 될 뿐이다."[37]고 하여, 財星과 印星을 함께 쓸 수 없음을 강조한다.

이와 같은 이론이라면 이 명조의 간명의 결과는 억부(중화)론과 격국론과 일치한다. 이와 같은 설명에 의하면 심효첨도 격국을 정해 놓고 일간의 강약을 살핀다는 결론인데, 심효첨이 '財多身弱' 사주를 설명하기 위하여 끌어들인 중화론이다. 또한 官運은 막힘이 있고 煞運은 꺼리지 않는다는 이론도 일치한다. 왜냐하면 위 명조의 亥大運이 日干對比 偏官運에는 무난히 지나왔으나, 子水 正官大運에 불행해졌기 때문이다.

時	日	月	年〈事例 21〉		
癸	丁	壬	庚(음건록격)		
卯	卯	午	寅(화체수금용조)		
57	47	37	27	17	07
戊	丁	丙	乙	甲	癸
子	亥	戌	酉	申	未

임철초 선생님은 다음과 같이 풀이하셨다. 이 命造는 財星과 官星이 뿌리가 없이 투출되어 있다. 偏印과 比劫이 세력을 얻으니, 이로

---

37) "有財格佩印者, 蓋孤財不貴, 佩印幇身, 卽以取貴, 如乙未/甲申/丙申/庚寅, 曾參政之命是也, 然財印不宜相並, 如乙未/己卯/庚寅/辛巳, 乙與己兩不相能, 卽有好處, 小富而已", 위의 책, 같은 권, p.15.

써 四柱를 보고 가난하고 일찍 죽을 명조이다. 앞의 四柱는 日主와 財星이 모두 왕한데 반대로 망하고 일찍 죽음을 당했으나, 이 命主는 財星과 官星이 절기상으로 休囚(휴수)에 있는데도 사업을 하고 오래 사는 이유는 앞의 四柱는 木이 없어 水의 충을 받으면 用神인 火가 뽑히는데, 이 四柱는 水가 있어 劫財인 火를 만나도 구함이 있다는 것을 알지 못함이라.

甲申/乙酉大運에 이르러서 庚金이 자기의 절기를 만났으니 壬·癸 水를 만나 生하여 주고, 또 寅·卯木을 沖하여 보내니, 이른바 衰神이 旺神을 沖하면 發하는 것이다. 돌아다니면서 재산을 모아 巨富(거부)가 되었으니, "命이 좋은 것은 運이 좋은 것만 못하다."는 이 말은 믿을 만하다.

譯評 충분히 이해가 가는 철초 님의 설명이다. 이 명조는 地支의 寅/午/卯/卯가 있어 日主 丁火가 신강하고 天干에 있는 財/官은 오히려 허약한 상태가 되었다. 火日主가 강하면 官/煞이나 食/傷으로 용신을 취하는데 이 명조에서는 食/傷이 없으므로 官星으로 用神을 정한다.

이와 같이 용신을 정하고 나면 喜神을 구하는데 이 官星의 喜神은 財星이 되므로 水/金이 用/喜神이 된다. 다음으로 용신을 정한 후 대운을 살펴보니 대운 역시 金/水運으로 흐르므로 好運이 된 사주이다. 철초 님의 설명과 같이 '命好不如運好'이다.

컴퓨터 프로그램으로 計數를 측정할 수 있는 무게중심이론인, '五

行體用論'으로 五行指數를 검증해 보면, 火 5.0, 土 0.0, 金 1.0, 水 1.3, 木 4.4로 火五行이 宗主五行이 되므로, 剋法取用하여 '火體水金用組'로 水五行이 用神이 되고 金五行이 喜神이 된다. 역시, '命好不如運好'이다.

만약 이 命主가 2024년 현재 나이 15세로 癸未大運 중 未대운에 머물러 있어 고생 중일 것이다. 이후 地支로 申/酉대운으로 흘러 好運이고 37세 丙戌大運은 不美할 것이고 이후 亥/子대운으로 흘러 好運이 될 것이며, 철초 님은 "이른바 衰神이 旺神을 沖하면 發하는 것이다. '命이 좋은 것은 運이 좋은 것만 못하다.'는 이 말은 믿을 만하다."고 하셨다.

『子平眞詮』심효첨의 格局論으로 이 祿劫格은 〈사례 3〉, 〈사례 19〉에서 定義하고 있다.

철초 님의 중화용신론으로도 일주가 강한 이유로 官星을 용신으로 하였다. 결과적으로 심효첨의 格局相神論에 後者와 같은 '有用官而財助者'인 用(相)神이 도출되었다. 이와 같이 격국론과 중화론에서 用(相)神이 같은 경우 好格이 되는 경우가 많다. 이와 같은 논리라면 또 抑扶論과 일치하는 경우가 발생한다.

6 第九 干支總論(제9 간지총론)

陽은 順行이요, 陰은 逆行한다는 順逆說은 洛書[38]로부터 들여와 사용하게 되었는데, 그 理致는 믿을 수 있으나 그 法을 쓰는 데는 한 가지 理論으로만 집착하지 말아야 한다.

時	日	月	年〈事例 22〉
丙	乙	己	丙(인수격)
子	亥	亥	子(수체토화용조, 토불용)

51	41	31	21	11	01
乙	甲	癸	壬	辛	庚
巳	辰	卯	寅	丑	子

임철초 선생님은 다음과 같이 풀이하셨다. 乙亥 日主가 亥月에 태어나, 天干으로 투출한 두 개의 丙火를 반가워한다. 따듯한 봄과 같은 경치를 잃지 않았으며 겨울나무는 햇빛을 즐기는데, 깨끗하고 순수함이 있다. 애석한 것은 火/土가 뿌리가 없고, 水/木이 너무 많은 것이니, 공부를 하여도 결과가 좋지 않았다.

겸하여 中年運이 水/木運으로 흘러, 日主를 도와주는 것이 너무도

---

38) 『易・繫辭上』「河出圖, 洛出書, 聖人則之.」전설에 따르면 태호, 복희 씨 때에 黃河에서 龍馬가 그림을 등에 지고 나왔는데, 이것을 聖人이 河圖로 정했다고 한다. 또한 하우 씨가 治水할 때에 거북이 등에 書를 지고 洛水에서 나와, 聖人이 이것을 정했다고 한다. 南東園 著『周易解義Ⅲ』, (서울 : 나남출판, 2001), p.189.

지나쳐서 사주 중에 있는 火/土가 모두 다쳤다. 이런 이치로 재물을 벌어도 모으기가 어려웠으며 그 뜻을 펼치지도 못하였다.

한편으로 기쁜 것은 金이 없어, 生水를 하지 않기 때문에 하는 일은 淸高(청고)하였다. 만약에 年과 時에 乙木의 病이 자리하고 있고, 月/日에 死地라고 이야기한다면, 어찌 休/囚가 이미 극에 다다르지 않겠는가? 그럼 마땅히 생하고 도와주는 운을 써야 하는데 지금 이 亥/子水 운으로써 日主를 생하고 있으니, 水/木을 다시 보는 것은 마땅하지가 않다는 것을 이야기하는 것이다.

譯評 여기서도 또 증주자의 설명 방법의 특징이 드러난다. 그 특징이란 어떤 기존의 이론을 부정한다든지 긍정하여 확장한다든지 할 경우 왜 부정하게 되었는지, 왜 긍정하여 확장하였는지를 실제 명조를 가지고 예시를 들어, 따라 공부하는 이들에게 믿음을 주어 믿고 따라오도록 설명을 하고 있다. 이 명조의 용신은 地支로 亥/亥/子/子가 있어 초겨울 쌀쌀한 날씨에 예상치 못한 많은 비로 地支가 온통 물바다가 되었다.

이같이 地支의 상황은 天干에 있는 모든 오행에게 영향을 주는데 특히 日主는 地支의 扶助(부조)에 따라 신약과 신강이 정해진다. 때문에 이 猖狂(창광)한 水勢를 저지하기 위해서는 戊土와 戌土가 필요하고 그를 돕는 火氣가 필요한데 사주 자체에 토가 없으므로 火가 임시용신(假用)이 되고 토는 때를 기다리는 藥神이 된다. 희신인 木은 天干으로 들어오는 甲木만 필요하다. 왜냐하면 용신인 丙火는 乙木

은 필요 없고 甲木만 丙火를 살릴 수 있기 때문이다.

결론적으로 증주자의 주장은 胞胎法(포태법)에서 陰陽을 나누어 陽의 生地(생지)는 陰의 死地(사지)가 된다는 이론을 부정하고, 오로지 金/木/水/火/土를 가지고 旺/相/休/囚/死를 구분하면 된다고 주장하는 것이다. 이 胞胎法 역시 神煞(신살)의 일종이다. 특히 陽은 善하고 陰은 惡하다는 것은 유교의 君主論에 의해서 나타난 神煞論이다.

컴퓨터 프로그램으로 計數를 측정할 수 있는 무게중심이론인, '五行體用論'으로 五行指數를 검증해 볼 필요 없이 水五行이 강왕하다는 것이 확실하므로, '水體土火用組'에 土五行은 不在不用하고, 火/木五行이 用/喜神이 되었다.

만약 이 命主가 2024년 현재 나이 29세로 壬寅大運 중 寅대운에 머물러 있어 바쁘게는 살지만 소득은 없는 삶을 살 것이다.

『子平眞詮』 심효첨의 격국론으로는 印綬格이다. 이 格의 定義는 〈사례8〉, 〈사례 9〉, 〈사례 16〉에 잘 정리되어 있다.

또한 取運論에서는, "印綬格에 食傷을 相神으로 할 경우 財運은 오히려 길하고 食傷運 역시 이로우며, 官運으로 흐르는 경우에는 오히려 災殃을 당하고 煞運은 오히려 복이 될 수 있다."[39]고 하였다. 이와 같은 논리에 의하면, 이 사주는 天干으로 傷官이 있어 相神으로 정하고 大運을 살펴보면, 말년에 乙巳/丙午/丁未 食傷運으로 흐르니 이

---

39) "印綬用傷食, 財運半吉, 傷食亦利, 若行官運, 反見其災, 煞運則反能爲福矣", 위의 책, p. 38.

로움이 있었을 것이다.

그러나 증주자인 철초 님은 '이런 이치로 財物을 벌어도 모으기가 어려웠으며 그 뜻을 펼치지도 못하였다.'고 하였다. 그 이유는 사주 자체가 지나치게 印綬가 강하여 食傷運이 들어와도 印綬에 傷害를 받기 때문이다. 결국은 격국론에서 심효첨이 주장하는 美格도 대운 앞에서는 할 수 없음이 증명된 사주이다. '命好不如運好'다.

時	日	月	年〈事例 23〉
癸	癸	乙	戊(식신격)
亥	卯	卯	午(식상용비격)

56	46	36	26	16	06
辛	庚	己	戊	丁	丙
酉	申	未	午	巳	辰

임철초 선생님은 다음과 같이 풀이하셨다. 이 命造는 봄의 물(癸水 日主)이 나무가 많아 洩氣(설기)가 지나치며, 五行 중 金(印星)이 없 어 모든 것을 時柱의 比劫인 癸亥水가 日主를 도와주는 것을 의지하 는 실정이다. 싫은 것은 卯木과 局을 이루고, 또 戊土가 투출하여 剋 과 洩을 같이 보고 있어, 戊午大運을 만나 죽었다.

만약에 책에 있는 말에 의하면, 癸水가 두 개의 長生(卯)에 앉아있 고, 生時는 旺地를 만났으니 어찌 오래 살지 못하겠는가? 또, 말에 의 하면 食神이 있으니 수명장수요, 처와 자식이 많다 하였으며, 食神이 충분히 財官을 감당하므로, 이 命造는 명예와 부가 온전하며 자식이 많고 장수할 격이라고 할 것이다. 결론적으로 이 모든 것이 '陰陽生死之說'로는 증명하기에는 부족하다.

譯評 이와 같은 증주자인 철초 님의 명리사상의 특징은 하나의 견본으로는 믿고 따르는 학인들에게 의심이 있을지 모르는 노파심에서 사례명조를 하나 더 보이면서 본인의 주장을 확인하려 한다. 이 명조의 용신은 時柱에 있는 癸亥(比肩 劫財)이다. 증주자의 설명과 같이 時支의 亥水가 卯木에게 羈絆(기반, 亥卯木局)을 당하는 느낌이 있다. 결국 時干의 癸水 역시 뿌리를 잃은 형국이라 매우 안타까운 형국을 이루고 있다.

초년대운마저 財運인 火運으로 흐르므로 사주체가 조열해져 戊午大運을 넘기지 못하였다. 戊午大運을 넘겼다고 하여도 己未大運 未土가 亥卯未 木局을 이루어 결국은 長生地에서 終命할 운명이기는 하다. 철초 님은 이와 같이 설명하므로 인하여 神煞論을 부정하고 오로지 陰陽五行의 生剋制化에 의한 명을 논할 것을 주장하고 있다.

컴퓨터 프로그램으로 計數를 측정할 수 있는 무게중심이론인, '五行體用論'으로 五行指數를 검증해 볼 필요 없이 木五行이 强旺하다는 것이 확실하므로, '木體金土用組'이나, 金五行은 부재불용하고, 土/火五行으로 用/喜神으로 넘어갈 것이 아니라, 日主의 강약을 살펴보아 特殊格인 '食神用比格'이 되었다. 즉, 이 特殊格이 생성된 원리는 정단 선생님이 『闡微』의 증주자인 철초 님의 이론을 철두철미하게 연구하여 발표하신 이론이다.

만약 이 命主가 2024년 현재 나이 47세 庚申大運 머물러 있을 것이나 철초 님의 설명에 의하면 이미 '戊午大運을 넘기지 못하였다.'고 하여 현재 생존하지 못한 命主다. 하지만 요즘 시대에는 戊午/己未대운을 어렵게라도 넘겼다면 지금은 한숨 돌리고 여유롭게 살 운명이다.

『子平眞詮』심효첨의 격국론에 의하면, 이 명조는 卯月의 癸水日主이므로 格局論에 의하면 食神格이다. 이 格의 定義는 〈사례 7〉번에 자세히 설명되어 있다. 이와 같은 食神格의 정의에 의하면, 이 명조는 食神格으로 成格이 되지만 일주가 신약한 관계로 조건에 맞지 않았기 때문에 破格이 되었다. 결론적으로 심효첨도 취운론에서 '與身強食旺(여신강식왕)'하면 '大貴之格'이라고 하여, 格을 정한 후에 일주의 強弱을 살피는 방법을 취하였다.

時	日	月	年〈事例 24〉
庚	庚	丁	己(재격)
辰	申	卯	亥(금체목화용조)

55	45	35	25	15	05
辛	壬	癸	甲	乙	丙
酉	戌	亥	子	丑	寅

임철초 선생님은 다음과 같이 풀이하셨다. 庚金이 비록 봄철에 태

어났으나, 地支에 祿旺을 깔고 앉아 있고, 時干에는 印星과 比劫이 있으니 충분히 丁火 官星을 用神으로 사용할 수 있고, 地支에서 卯木 財星이 힘을 실어 주는데, 더욱이 亥水를 얻어 生함을 도와주니 유정하다. 丁火의 뿌리는 더욱 단단하여 이른바 天地의 도리를 따르고 깨끗하고 순수한 자는 번창하는 것이다.

歲運에서 壬·癸·亥·子를 만났을 때, 天干에 印星인 己土가 있어 官星을 보호하고 地支에는 財星인 卯木이 있어 傷官의 공격을 化하여 주고 있으니, 평생에 위험한 일을 밟고 있다 하여도 마치 온화한 상태였다. 그러므로 소년 시절에 과거에 급제하고 벼슬이 봉강까지 이르니, 책에서 말하듯이 日主는 마땅히 건왕하고 用神은 손상되지 말아야 한다는 말은 믿을 만한 말이다.

譯評 이와 같이 증주자는 '天覆地載(천복지재)'에 대하여 설명하기 위하여 庚申日 庚辰時에 태어난 명조를 견본으로 하여 用/喜神이 月柱에 있는 명조를 제시하고 있다. 이 명조의 용신은 月干의 丁火(正官)가 용신이고 희신은 月令인 卯木이 된다. 또한 증주자의 설명대로 세운에서 傷官運이 들어온다 해도 己土가 방어 능력을 갖추고 있기에 흉운도 피해 갈 수 있다고 하여, 마치 격국론을 공부하는 듯하다. 즉, 심효첨의 격국론에서는 용신이 정해지고 이를 생하는 오행을 相神이라하고 용신이 생하는 오행을 救神이라고 한다. 결론적으로 용신 丁火가 己土를 생하므로 이 己土가 용신을 救하는 救神이 된다.

컴퓨터 프로그램으로 計數를 측정할 수 있는 무게중심이론인, '五行體用論'으로 五行指數를 검증해 보면, 金 5.2, 水 1.1, 木 5.0, 火 1.0, 土 1.0으로, '金體火木用組'로 正官인 丁火가 用神이고 正財인 卯木이 喜神이 된다. 대운을 보면 약간 건명에 음년생이라 불미한 듯 하지만 철초 님의 설명대로 用神인 丁火가 損傷 받지 않아 '生平履險如夷(생평리험여이)'한 命主가 되었다.

만약 이 命主가 2024년 현재 나이 6세 막 丙寅大運에 접어들 용신인 정화의 힘을 돕고 있다. 하지만 56세 辛酉대운은 명조에서 宗主五行이 되어 부담이 되는 金오행을 돕는 대운이라 命主에게는 不美한 대운이라 할 수 있다.

『子平眞詮』심효첨의 격국론에 의하면, 卯月의 일주 庚金과 대비하면 正財格으로 四吉神의 하나에 든다. 이 財格의 定義는, 〈사례 6〉, 〈사례 20〉에 있고 또, 財格의 귀함은 한결같지 않으나, 財星이 旺하여 官을 생하는 자는 身强하면서 傷官이 투출하지 말아야 하고 七煞과 혼잡되지 않으면 貴格이 된다[40]고 하였다.

또한 취운론에서는, 財星이 旺하여 官星을 생하는 者는 大運이 身旺한 印綬運을 반기고 七煞/傷官運은 불리하다[41]고 하였다.

이와 같은 논리에 의하여 대운을 살펴보면 天干으로 壬/癸水, 地支

---

40) "財格之貴局不一, 有財旺生官者, 身强而不透傷官, 不混七煞, 貴格也", 『子平眞詮評註』권4, 앞의 책, p.14.
41) "財旺生官者, 運喜身旺印綬, 不利七煞傷官", 위의 책, p.20.

로 亥子大運이 흐르지만 철초 님이 설명하였듯이 천간으로 들어오는 壬/癸水는 正印인 己土가 있어 막아 주고 지지로 들어오는 亥子大運은 오히려 + 閑神이 된다.

時	日	月	年〈事例 25〉
甲	庚	丁	己(재격)
申	辰	卯	酉(금체목화용조)

60	50	40	30	20	10
辛	壬	癸	甲	乙	丙
酉	戌	亥	子	丑	寅

임철초 선생님은 다음과 같이 풀이하셨다. 이 命造 역시 官星인 丁火를 用神으로 하고, 地支도 또한 財星인 卯木이 실어주고 있어, 앞의 命造와 大同小異한데 다만, 卯·酉가 沖을 만나서 丁火의 뿌리가 살아졌고, 地支 중에는 물이 적어서 財星이 극만 받고 생이 없다.

비록 時干에 甲木이 透干하였으나 申金 위에 있으니, 地支가 실어주지 못한다고 말할 수 있으니 비록 있으나 없는 것과 같았다. 그러므로 이름 있는 집안 출신이나 공부를 계속 할 수 없을 정도였고 가산이 살아지고 식구들이 죽었으며, 大運에서 戌大運을 만나 地支가 西方 金運이 되면서 가난함을 감당하기 어려웠다.

譯評 이 명조는 태어난 해가 己酉年이며 태어난 시가 甲申時이

다. 태어난 月과 태어난 日이 같으므로 格局을 잡거나 조후용신을 취할 경우 앞의 명조와 동일한 격국과 相神이 나오며, 조후용신도 똑같은 용신으로 卯月의 庚金日主 이므로 丁火가 제일 용신이고 다음으로 갑목이 天干을 투출하여야 하고 다음으로 庚金이 투출하여 '劈甲引丁(벽갑인정)'을 하면 호명이 된다고 앞의 명조를 설명한 경우이다.

그러나 앞의 命主는 무난히 일생을 마쳤고 이 命主는 舊家出身(구가출신)으로 중년에 가난을 감당하지 못하였을까? 그 이유는 앞의 명조에서 설명하였듯이 격국도 아니고 조후도 아닌 사주 구조의 문제인 것이다. 앞의 사주는 庚申日主에 庚辰時라 일주가 강하고, 이 명조는 庚辰日에 甲申時이므로 조후론에서 원하는 甲木은 地支의 申金에 의한 도움을 받지 못하므로 있으나 없는 것과 같은 작용불능 상태에 처한 것이 병이 된다.

또한 태어난 해가 己酉年이라 비록 月令인 卯木이 사령을 하였다고 하여도 충은 충인지라 酉金에게 충을 당하여 심효첨 님의 격국론으로 태어나서부터 파격이 되었다. 그러나 앞의 명조는 己亥年으로 亥卯合木으로 財星이 더욱 강해져 용신(격국론에서는 相神)의 뿌리가 튼튼하다.

위의 命主는 치명적인 戌大運도 피할 수 있었지만 이 命主는 태어난 년이 己酉年이라 戌大運을 맞으면 地支로 申酉戌 方合을 이루어 봄철의 旺氣인 卯木도 합을 이루어 공격을 하는 金氣運 앞에서는 속수무책인 것이다.

또한 앞의 명조는 庚申日主고, 이 명조는 庚辰日主이므로 뿌리의 淺深(천심)에 의한 힘 또한 강한 가운데서도 차이가 난다. 이와 같이 격국과 조후가 중요한 것이 아니라 사주의 배열에 의한 '天覆地載'가 중요함을 강조한 것이 이 장의 특징이라고 할 수 있다.

컴퓨터 프로그램으로 計數를 측정할 수 있는 무게중심이론인, '五行體用論'으로 五行指數를 검증해 보면, 역시, 金 6.5, 水 0.9, 木 5.1, 火 1.0, 土 1.0으로, '金體火木用組'로 正官인 丁火가 用神이고 正財인 卯木이 喜神이 된다.

만약 이 命主가 2024년 현재 나이 56세로 壬戌大運에 戌대운이라 철초 님의 설명에 의하면 '地支가 西方 金運이 되면서 가난함을 감당하기 어려웠다.'고 하였다.

심효첨의 『子平眞詮』의 格局論과 取運論은 前造와 마찬가지로 태어난 月과 日主가 동일하므로 생략할 것이다.

	時	日	月	年〈事例 26〉
	癸	辛	壬	庚(칠살격)
	巳	酉	午	申(금체화목용조)

57	47	37	27	17	07
戊	丁	丙	乙	甲	癸
子	亥	戌	酉	申	未

임철초 선생님은 다음과 같이 풀이하셨다. 이 命造는 庚·辛·壬·癸가 있어 金과 水가 둘 다 깨끗하고, 地支는 申·酉·巳·午가 있어 불로 제련시키는 공로가 있으니, 말하여 午火가 진신으로 쓰인다고 하여 명예와 부가 찬란할 것이라고들 했다. 그러나 애석한 것은 五行 중에 木이 없어 金은 비록 失令은 하였으나 무리를 지어 있고, 火는 비록 當令은 하였으나 도와주는 것이 없다.

더욱 싫은 것은 壬·癸水가 덮고 있으며 庚과 辛이 바짝 붙어서 水를 生하여 주고 申金 중에 長生이 있어 壬水는 더욱 방자한 행동을 하였다. 비록 巳火가 午火를 돕는다고 하지만 巳·酉가 合이 되어 金이 되므로 없는 것이나 같다. 즉 午火의 세력은 반드시 외로울 것이다.

바로 이러하므로 申·酉大運에 깨지고 살아지는 것을 당하고, 丙戌大運에는 用神을 도와 힘을 얻으니 크게 얻을 기회를 만났다. 한번 亥大運을 만나면서 壬水가 祿을 얻고 癸水는 旺을 만나니 火氣가 극히 소진되어 집안이 망하고 자신도 죽었다.

譯評 이 명조를 심효첨 선생님에게 看命을 요청하면, 七煞格은 凶格이 되므로 天干으로 투출한 壬/癸水를 相神으로 한다고 하였을 것이다. 또한 대운을 살펴보면 好運으로 흘러 대귀격이라고 하였을 것이다. 하지만, 철초 님은 이 명조의 용신을 『천미』의 중심 사상인 抑扶(中和)用神에 의하면 午月에 태어난 辛金은 비록 失令을 하였지만 庚申年 辛酉日에 태어나 癸巳時라 巳酉拱金에 의해 '弱變爲强(약변위강)'이 된 명조이다.

그러므로 이 강한 金氣運을 억제하는 月令의 午火가 용신이 되며 희신은 午火를 도와줄 木氣運이나 애석하게도 사주 자체에 木氣運이 없으므로 大運에서 오기를 기다려야 한다. 그러나 대운을 살펴보면 기대와는 반대 방향으로 흐르므로 '破家身亡(파가신망)'이 된 명조이다.

컴퓨터 프로그램으로 計數를 측정할 수 있는 무게중심이론인, '五行體用論'으로 五行指數를 검증해 보면, 역시, 金 5.5, 水 1.6, 木 0.0, 火 5.2, 土 0.0으로, '金體火木用組'로 月支의 七煞인 午火가 用神이 되고 희신을 찾으니 不在不用하여 '用神無補(용신무보)'가 되었다.

만약 이 命主가 2024년 현재 나이 45세로 丙戌大運에 머물러 철초 님의 설명대로 '丙戌大運에는 用神을 도와 힘을 얻으니 크게 얻을 기회를 만났다.'고 하셨으며, 52세 '亥大運을 만나면서 壬水가 祿을 얻고 癸水는 旺을 만나니 火氣가 극히 소진되어 집안이 망하고 자신도 죽었다.'고 지당하신 말씀을 하셨다.

『子平眞詮』심효첨의 격국론에 의하면 月令이 午月에 일간 辛金대비 偏官(七煞)格으로 四凶神 중에도 가장 흉하다는 격으로 相神으로는 격을 억제하는 食/傷官이 된다. 이 七煞格의 定義는 〈사례5〉, 〈사례 17〉, 〈사례 18〉에서 설명하고 있다.

하지만 다시 취운론에서는 일주가 강하고 煞이 약할 경우, 煞 또한 印星이 化하고 있는 경우, 용신이 깨끗하지 못한 경우에는 財星을

　　　　　　　　　　　축약 적천수천미 용신분석

빌려서 格이 깨끗해지면 淸格이 된다[42]고 하여 역시 七煞도 용신으로 할 수 있다고 한다. 그러나 이 명조는 財星인 木 0.0으로 '用神無補(용신무보)'가 되고 대운 역시 金/水대운으로 흘러 不美한 運命이다.

時	日	月	年〈事例 27〉
甲	辛	壬	庚(칠살격)
午	酉	午	申(화체수금용조)

57	47	37	27	17	07
戊	丁	丙	乙	甲	癸
子	亥	戌	酉	申	未

임철초 선생님은 다음과 같이 풀이하셨다. 이 命造 역시 午中에 官殺인 丁火를 用神으로 삼는데 壬水가 역시 위에서 덮고 있으며 庚金이 바로 옆에 붙어서 생함을 도우고 있다. (그러나) 기쁜 것은 時支의 午火가 돕는 것이며 더욱 묘한 것은 天干의 甲木이 덮고 있어 火의 음덕이 성함이다.

또 壬水는 甲木을 보고 生하고 싶은 마음에 午火를 공격할 마음이 없으니 四柱가 相生하는 옳은 것만 가지고 있으니, 싸움할 마음이나 극할 마음이 없는 상태이다. 향방에 합격하여 벼슬이 관찰사까지 올랐다. 앞 命造와는 단지 한 시각의 앞뒤를 바꾼 것인데 하늘과 땅 차

---

42) 又有身重煞輕, 煞又化印, 用神不淸, 而借財(財滋弱煞)以淸格 亦爲貴格, 『子平眞詮評註』권5, 앞의 책, p.5.

이가 난다. 그래서 하는 말이 털끝만큼의 고침이 천 리 차이가 된다고 하는 것이다.

譯評 이 명조는 앞의 명조와 태어난 시간이 2시간(1시각) 차이가 난다. 그런 결과 癸巳時에서 甲午時로 바뀌었을 뿐인데 철초 님의 주장대로 '天淵之隔(천연지격)'이 되었다. 그러나 철초 님은 用神과 喜神에 관하여서는 언급이 없이 사주가 '無爭剋之風(무쟁극지풍)'이라 향방을 거쳐 관찰사까지 하였다고만 하였다.

譯評者의 견해로는 사주 자체가 오히려 甲午時가 되면서 偏官格인 月令의 午火에 힘을 밀어 주어 偏官이 旺하고 日主가 强하여 中和用神에 의해 月干의 壬水를 用神으로 하고 그 壬水를 생하는 庚金을 喜神으로 정하고 대운을 살펴보면 金/水運으로 흐르기에 好命이 된 명조라고 사료된다. 결론적으로 此造는 격국론으로 설명하면, 七煞格은 凶格이 되므로, '식상제살격'으로 成格이 된 명조이며 前造는 格相神으로 食/傷을 쓰지 못할 명조가 된 것이다. 아래『자평진전』편에서 정의와 취용론을 설명할 것이다.

컴퓨터 프로그램으로 計數를 측정할 수 있는 무게중심이론인, '五行體用論'으로 五行指數를 검증해 보면, 역시, 火 5.6, 土 0.0, 金 5.1, 水 1.5, 木 1.0으로, '火體水金用組'로 역시, 격국론과 억부론이 일치되는 用(相)神이 되었다.

만약 이 命主가 2024년 현재 나이 45세로 위의 命主와 태어난 년/월/일이 같아서 나이와 대운이 동일하지만 태어난 시간이 午時라 종주오행이 바뀌어 '火體水金用組'가 되어 水/金오행이 用喜神이 되어 45세 丙戌大運에 머물러 흉운이 될 것이지만 52세 이후 水대운으로 흘러 호운이 될 것이다.

역시 철초 님의 설명하신 '앞 命造와는 단지 한 시각의 앞뒤를 바꾼 것인데 하늘과 땅 차이가 난다. 그래서 하는 말이 털끝만큼의 고침이 천 리 차이가 된다고 하는 것이다.'고 하셨다.

『子平眞詮』심효첨의 격국론에 의하면 月令이 午月에 일간 辛金대비 偏官(七煞)格으로 四凶神 중에도 가장 흉하다는 격으로 相神으로는 격을 억제하는 傷官이 된다. 이 七煞格의 定義는 〈사례 5〉, 〈사례 17〉, 〈사례 18〉, 〈사례 26〉에서 잘 설명되어 있다.

또 심효첨은 取運論에서 말하기를, "七煞이 格局을 이루면 역시 (相神을 쓰는 데는) 한결같지 않다. 食傷五行을 相神으로 하여 制伏시키면 上格이다. '煞旺食强(살왕식강)'하고 일주가 튼튼하면 極貴格이 된다. 마치 乙亥/乙酉/乙卯/丁丑은 極等의 格이다."[43]고 하였다. 결론적으로 이 명조 〈事例 27〉도 중화용신론으로도 食傷制煞格(식상제살격)이 되어 成格이 되었다. 이와 같은 근거에 의해서 이 명조 〈事例 27〉의 대운을 살펴보면 대운 역시 食/比運으로 흐른다.

---

43) "七煞之格局亦不一, 煞用食制者, 上也, 煞旺食强而身健, 極爲貴格, 如乙亥/乙酉/乙卯/丁丑, 極等之貴也", 위의 책, 같은 권, p.2.

	時	日	月	年〈事例 28〉	
	甲	甲	甲	甲(재격)	
	戌	寅	戌	申(금체화목용조, 화불용)	
52	42	32	22	12	02
庚	己	戊	丁	丙	乙
辰	卯	寅	丑	子	亥

임철초 선생님은 다음과 같이 풀이하셨다. 年支에 있는 申金이 日主의 寅木을 충하고, 더하여 季節을 만난 戌土를 또 보고, 그 戌土는 官殺인 申金을 生하고 도와주니, 이를테면 '地支不顧(지지불고)'라, 무릇 네 개의 甲木과 한 개의 寅木이 있어 强旺하다고 말할 수 있으나, 가을의 나무는 休囚(휴수)에 처하고, 沖하여 祿神(寅木)이 살아지고, 그 뿌리는 이미 뽑힌 것이나 마찬가지이니, 왕하다고는 할 수 없다.

그러므로 寅卯/亥子運에 衣/食이 자못 풍부하였는데 한번 庚辰大運을 만나면서 殺의 原神이 투출하여, 네 아들을 한꺼번에 잃고 집안이 망하고 불행하게 되었다. 天干에 (같은 것이) 많이 있어도 地支에 많은 것과 같지 않다는 이치는 당연하고도 확실하다.

譯評 그렇다. 天干은 地支에 뿌리가 있어야 움직이지 않는다. 즉 天干은 동적이고 地支는 정적이기 때문에 天干의 네 글자 중 自座(자좌)한 것이 가장 강한 오행이 된다. 또한 같은 自座라도 月干의 自座

가 가장 강하고 그 다음으로 日干이고 時干이고 마지막으로 年干의 순이다.

이 명조는 '天干一氣格'으로 甲木의 기운이 정처 없이 떠돌아다니는 형상이다. 단지 유일하게 日干만이 살아남아 있는 形局이지만 地支가 金氣運을 포함한 戌土가 두 개씩 있어, 日干인 甲木은 뿌리를 바위틈 사이에 내리고 있는 처지와 같다고 할 수 있다.

컴퓨터 프로그램으로 計數를 측정할 수 있는 무게중심이론인, '五行體用論'으로 五行指數를 검증해 보면, 역시, 金 5.6, 水 0.5, 木 3.4, 火 1.5, 土 1.2로 '金體火木用組'이나, 火五行은 不在不用하고, '金體木水用組'가 되었다.

이 명조의 용신은 일간이 약하므로 印/比가 용신이다. 印星이 보이지 않으므로 우선 比肩을 용신으로 하고 印星을 대운을 기다린다. 대운 역시 比劫運에서 印星運으로 흐르니 好運이 되었다. 다행스럽게도 大運만큼은 일간을 도와주는 방향으로 흘러와 중년을 넘기려는 순간 六旬인 庚辰大運이 들어와 月柱를 '天剋地沖(천극지충)'하는 이유로 불행하게 된 명주이다.

일반적으로 六旬大運이면 月柱를 沖하는 대운이 들어오는데 命局 自體가 튼튼하거나 月柱가 忌神인 경우는 오히려 발복하는 경우가 있지만 대부분 사주에서 가장 강한 기운을 가진 곳을 沖하면 왕한 것이 노발하여 불행하게 되는 경우가 비일비재하다.

만약 이 命主가 2024년 현재 나이 13세로 丙子大運에 머물러 있고 호운으로 흐르고 있다.

『子平眞詮』심효첨의 격국론에 의하면, 財格이다. 이 재격의 정의는 〈사례 6〉, 〈사례 20〉에 잘 정리되어 있다. 또, 財格이 成格이 되려면 가장 우선적 요구하는 것이 財星이 旺하고 日主가 강해야 하는 것을 바란다. 그러나 이 명조는 그 요구에 충족하지 못하고 있다. 月令인 戌土(財星)도 약하고 일주 또한 약하다.

"다시 取運論에서는 財格에 印星을 相神으로 하는 경우 대운 역시 官星運으로 흘러야 한다. (그 이유는) 신약하기 때문에 (印星을 相神으로 하였으니) 그것(官星)을 만나면 印星이 왕한 것을 기뻐한다."[44] 하고, "또 身弱하면 大運에서 比/印運을 반긴다."[45]고 하였다. 대운역시 印/比運으로 흐르니 好運이 되었다. 결론적으로 말하면 심효첨님도 일주의 强弱을 살피라고 하였다.

時	日	月	年〈事例 29〉
戊	戊	戊	戊(양인격)
午	戌	午	子(화체수금용조)

53	43	33	23	13	03
甲	癸	壬	辛	庚	己
子	亥	戌	酉	申	未

임철초 선생님은 다음과 같이 풀이하셨다. 이 命造는 火·土가 가

---

44) "財格佩印, 運喜官鄕, 身弱逢之最喜印旺", 『子評眞詮評註』권4, 앞의 책, p. 22.
45) 身輕則喜比印, 위의 책, p. 23.

축약 적천수천미 용신분석

득한 명조이기에 子水는 쇠약하고 午火는 旺하니, 沖을 하면 午火가 분발하여 더욱 맹렬할 것인즉, 한 방울의 물조차 말라 버리게 하므로 이것을 말하여 天干이 地支를 덮어 주지 않는 것이다. 처음 己未大運을 만나 외롭고 고통스러운 고생을 여러 가지 방법으로 겪었다.

그러나 庚申·辛酉大運을 만나 戊土의 성정을 소통시켜 크게 얻을 기회를 만났으며 장가도 가고 자식도 낳고 사업도 일으키고 가정도 이루었다. 한번 壬戌大運을 만나면서 水氣運이 통근하지 못하고 암합으로 火局을 이루니, 화재사고를 당하여 일가 다섯 식구가 몽땅 죽었다. 만약에 天干으로 庚·辛 중에 한 글자만 투출하든지, 地支로 申·酉 중에 한 글자만이라도 있었으면, 어찌하여 이러한 결과에 다다를 수 있겠는가?

譯評 이 명조는 戊土 일주가 天元一氣格에 地支로 午/戌/午의 형국을 이루고 오직 年支의 子水만 유일하게 남는다. 이것이 이 명조의 유일한 용신이 된다. 또 이 용신을 돕는 金五行이 喜神인데 사주 자체에는 없으므로 대운에서 오기를 기다려야 한다.

다행히 三旬 辛酉大運까지는 喜神運으로 흘렀는데 四旬大運인 壬戌大運 戊土가 午戌/午戌 火局을 이루어 水氣運이 불통되어 화재로 일가족이 몰살당했다. 이와 같이 원문의 뜻대로 '天全一氣'는 '不可使地德莫之載(불가사지덕막지재)'의 의미가 실감난다.

컴퓨터 프로그램으로 計數를 측정할 수 있는 무게중심이론인, '五行體用論'으로 五行指數를 검증해 보면, 역시, 火 5.2, 土 4.8, 金 0.9,

水 1.3, 木 0.0으로 '火體水金用組'이나, 사주체에는 水五行은 있으나, 金五行은 없으므로, 대운에서 오는 것을 기다려야 한다.

만약 이 命主가 2024년 현재 나이 17세로 고생스런 己未大運을 벗어나 庚申大運에 머물러 잘나가고 있을 것이다.

『子平眞詮』심효첨의 格局用神論에 의하면, 陽刃격의 정의는 〈사례 1〉의 건융황제 명조에 잘 나타나 있다. 이를 참조하시기 바란다.

또, 심효첨은 말하기를, 그러나 官煞로 制刃하는 것은 같으나 격 역시 高低가 있다. 만약에 官煞이 뿌리가 깊게 하고 투출하면 大貴하고 官煞이 암장되든지, 혹은 투출은 하였으나 뿌리가 얕으면 小貴하다[46]고 하였다. 결론적으로 이 명조 〈事例 29〉는 후자의 경우에 속하므로 小貴가 된 命主다.

時	日	月	年〈事例 30〉		
戊	戊	戊	戊(양인격)		
午	子	午	申(화체수금용조)		
57	47	37	27	17	07
甲	癸	壬	辛	庚	己
子	亥	戌	酉	申	未

---

46) "然同是官煞制刃, 而格亦有高低, 如官煞露而根深, 其貴也大, 官煞藏而不露, 或露而根淺, 其貴也小", 위의 책, 같은 권, p.32.

임철초 선생님은 다음과 같이 풀이하셨다. 이 命造는 앞 命造와 꼭 申金 한 글자만이 바뀌어서, 天干의 氣運이 내려와 地支 子水의 水源이 되고, 午火는 비록 맹렬하다 하나 申金을 다치게 할 마음이 없으니, 用神은 申金이 확실하다. 더구나 子水가 있어 喜神의 병을 제거해 주니, 申大運 중에 戊辰年 四月에 입학하여 九月에 등과하니, 모두가 太歲運에서 辰土를 얻어 암합으로 水局을 만든 묘함이 있어서이다. 애석하게도 장래에 壬戌大運 중에 天干에서 羣比爭財(군비쟁재)가 일어나고, 地支로는 暗會 火局을 이루니 길함을 보지 못할 것이다.

譯評 이 명조 역시 火土의 기세가 비등하다. 단지 위치만 변하였을 뿐, 위의 사주는 年支의 子水와 申金이 바뀌었고, 日支의 戌土와 子水로 바뀌었어도 用/喜神은 金/水五行이 필요하다. 더하여 대운도 동일하다.

결론적으로 이 명조의 용신은 年支의 申金과 일지의 子水가 있어 앞의 사주보다는 조금 좋을 듯하나, 역시 壬戌大運 戌大運이 오면 길함을 보지 못할 것이라고 철초 님은 걱정하고 있다. 이러한 설명 방법이 철초 님식 독특한 명조설명 방법이다.

컴퓨터 프로그램으로 計數를 측정할 수 있는 무게중심이론인 '五行體用論'으로 五行指數를 검증해 보아도 역시, 火 6.1, 土 2.0, 金 0.8, 水 2.9, 木 0.0으로 또 '火體水金用組'로 地支로 申/子五行이 있으나 天干으로 比劫이 줄줄이 있어 壬戌大運에 '群比爭財'가 일어날 것을 미리 걱정하고 계시다.

만약 이 命主가 2024년 현재 나이 57세로 癸亥대운에 머물 것이나, 철초 님의 설명에 의하면 '애석하게도 장래에 壬戌大運 중에 天干에서 羣比爭財(군비쟁재)가 일어나고, 地支로는 暗會(암회) 火局을 이루니 길함을 보지 못할 것이다.'고 한 것을 보면 37세 전에 감명한 命主일 것이다.

『子平眞詮』심효첨의 格局用神論은 위의 〈事例 29〉 명조와 같은 羊刃格이라 생략할 것이다.

	時	日	月	年〈事例 31〉	
	辛	辛	辛	辛(재격)	
	卯	卯	卯	卯(목체금토용조)	
51	41	31	21	11	01
乙	丙	丁	戊	己	庚
酉	戌	亥	子	丑	寅

임철초 선생님은 다음과 같이 풀이하셨다. 이 命造는 네 개의 木이 계절을 얻었으니 네 개의 金은 絶地(절지)에 임하였다. 비록 말하기를 오히려 地支가 극을 받는다고 할 수 있으나, 실제로는 극할 힘이 없다. 만약에 결과적으로 능히 극할 수만 있다면 財星을 用神으로 쓸 수 있다면, 어찌하여 성공할 수가 없었겠는가?

그는 태어나서 수 년 사이로 父母를 모두 여의고 길을 가던 도사와 무리가 되어 따라가서, 己丑 戊子大運에 印綬가 日主를 生하는 도움으로 먹고사는 것은 구차하지는 않았으나, 한 번 丁亥大運을 만나면서 火를 生하고 金을 剋하니, 즉 그의 스승은 돌아가고 조그마하게 장사를 하던 것도 음란한 나쁜 마음이 생겨 도박으로 모든 재산을 날리고 죽었다.

譯評 이 명조도 '天元一氣格'으로 地支 역시 木旺節에 卯木의 한 기운으로 뭉쳐 있기에 天干과 地支사이에 '不可使地德莫之載(불가사지덕막지재)'를 하기는커녕 '金木相爭(금목상쟁)'의 형국이다. 또한 '天動地靜(천동지정)'의 원리에 의하여 天干의 약한 金氣運은 地支의 강한 木氣運을 감당하기 어려워 '木多金衰(목다금쇠)'의 형국이라 일간을 위주로 명조를 살펴보면 '財多身弱(재다신약)' 사주가 되었다.

때문에 이 명조의 용신은 일간 자체가 용신이 되고 그를 돕는 印星이 희신이 된다. 이와 같이 사주체에서 용신과 희신을 결정한 후 대운을 살펴보면 己丑/戊子大運이 희신운이며, 이후 丁亥大運은 亥卯합木을 하여 丁火를 살리고 그 丁火가 天干에 힘없이 무리지어 있는 辛金들을 극하므로 사망한 명조이다.

컴퓨터 프로그램으로 計數를 측정할 수 있는 무게중심이론인 '五行體用論'으로 五行指數를 검증해 보아도 역시, 木 9.9, 火 0.0, 土 0.0, 金 1.5, 水 0.0으로 '木體金土用組'로 고립무원인 辛金만이 용신이 되었다. 대운에서 印/比運을 기다린다.

만약 이 命主가 2024년 현재 나이 14세로 己丑대운에 머물러 도사를 따라가 먹고사는 문제는 해결된 상태이다. 하지만 철초 님의 설명대로 丁亥대운은 벗어나기 힘든 命主다.

『子平眞詮』 심효첨의 격국론에 의하면, 財格이다. 이 재격은〈사례 6〉, 〈사례 20〉번에 잘 정리되어 있다.

『子平眞詮』의 평주자인 서락오가 말하듯이 "財格에 印星을 함께 쓰는 것은 쉽지 않다."[47]고 하였다. 그 이유는 일주를 돕는 인성을 용신으로 할 경우 재성의 극을 두려워하기 때문이다. 하지만 심효첨의 財格取運論에서 설명하기를, "身弱하면 大運에서 比/印運을 반긴다."[48]고 하였다. 위의 〈事例 28〉번은 같은 '財多身弱'사주라도 대운이 比/印으로 흘러 5旬大運까지는 그럭저럭 살 수 있었으나. 이 命主는 4旬大運을 넘기지 못하였다.

時	日	月	年〈事例 32〉
丙	甲	庚	辛(록겁격)
寅	辰	寅	卯(중첩방합목국)

55	45	35	25	15	05
甲	乙	丙	丁	戊	己
申	酉	戌	亥	子	丑

---

47) "財印竝用, 最不易取", 『子平眞詮評註』권4, 앞의 책, p. 15.
48) 身輕則喜比印, 위의 책, p. 23.

임철초 선생님은 다음과 같이 풀이하셨다. 이 命造는 寅·卯·辰 東方木局을 이루고 겸하여 時間도 寅時라, 旺한 것이 極에 이르렀다. 年·月의 庚·辛金은 絶地(절지)에 임하고 旺神은 提綱(제강)에 있으니, 休(휴)의 상태인 金이 (旺神인 木을) 剋하기는 어렵고 또한 丙火가 時干에 투출하여, 木과 火가 한마음이 되니 말하여 무리는 强하고 (쳐들어오는) 적은 적으므로 (本柱의 木/火) 세력은 庚·辛의 적음을 제거할 수 있다.

일찍이 土運에서 金을 生하는 관계로 재산이 깨지고 살아지는 이 상함을 만났으나, 그 후 (丁亥大運에) 서울로 올라가 판사부에 들어가고, 丙戌大運에 이르러서 광동성에서 군사적으로 분발하여 功을 세워 知縣(지현)에 오르게 되었다. 기쁜 것은 庚·辛을 극하여 다하게 하니 아름다움이 있었는데, 酉金運을 만나 庚·辛이 뿌리를 얻어 불행하게 되었으니 당연한 것이다.

譯評 이 명조는 철초 님이 후반부에 주된 세력에 힘없이 반대하는 오행이 있는 경우를 張楠은 그의 이론에서 병이 된다고 하는 病藥論으로 이론을 이끌어나간다. 이와 같이 강한 오행을 沖하는 약한 오행은 오히려 사주 자체를 혼란스럽게 만든다. 때문에 이 사주 역시 초년 土大運이 들어오면서 잠복해 있던 庚/辛金을 도우려 하지만 '衆寡不敵(중과부적)'의 현실감만 느끼게 하고 공연히 '破耗異常(파모이상)'함만 되었다.

컴퓨터 프로그램으로 計數를 측정할 수 있는 무게중심이론인 '五行

體用論'으로 五行指數를 검증해 보아도 역시, 木 9.4, 火 2.9, 土 0.0, 金 1.3, 水 0.3으로 '木體金土用組'이지만 프로그램에서 '특수격'으로 분류하고 있다. 즉, '重疊方合木局'으로 木五行을 중심으로 水/木/火 五行 중 火/木五行이 用/喜神이 되었다.

만약 이 命主가 2024년 현재 나이 14세로 위의 命主와 태어난 년도 가 같다. 현재 己丑대운에 財産이 깨지고 살아지는 이상함을 맡고 있 을 것이다. 물론 아직 어린 나이므로 부모님의 재산으로 살고 있을 것이다.

『子平眞詮』심효첨의 격국론에 의하면, 建祿格이라는 것은 月建이 祿堂에 있는 것이다. 祿은 곧 劫이다. 〈사례 3〉, 〈사례 19〉, 〈사례 21〉 에서 격국을 定義하고 있다.

이와 같은 근거에 의하면 심효첨은 이 명조의 用神은 財/官/煞/食 중에서 찾아야 할 것이다. 이와 같이 建祿/月劫格이 되면 官星을 최 우선한다. 그럼 만약 이 명조를 효첨 선생이 보셨다면 분명히 年/月 干의 庚/辛金을 相神으로 정하셨을 것이다. 그러나 억부론을 주창하 신 철초 님은 오히려 이 庚/辛金은 쓸 수 없다고 하시고 오히려 '酉金 運을 만나 庚·辛이 뿌리를 얻어 不幸하게 되었으니 당연한 것이다.' 고 하셨다.

時	日	月	年〈事例 33〉
丁	甲	庚	庚(재격)
卯	寅	辰	寅(목체금토용조)

51	41	31	21	11	01
丙	乙	甲	癸	壬	辛
戌	酉	申	未	午	巳

임철초 선생님은 다음과 같이 풀이하셨다. 이 命造 역시 寅卯辰 東方木局을 이루었는데 旺神이 提綱(제강)을 얻지 못하고, 辰土가 자기 담장 안으로 돌아가니(辰土가 提綱), 庚金이 힘을 얻어 충분히 木을 剋할 수 있다. 비록 丁火가 투출은 하였으나 庚金에게는 적의 상대가 못되므로 용신은 官/殺이 되는 것이 확실하다. 甲申大運에 이르러 庚金이 祿旺地(록왕지)를 얻고 寅木을 暗沖(암충)하여 과거에 연달아 합격을 하고 벼슬길이 군수까지 올랐으나 한번 丙大運을 만나 制殺을 하여 직위에서 물러나 시골로 돌아갔다.

譯評 그렇다! 또 증주자이신 철초 님의 習性(습성)이 나타나는 사례명조다. '아니다.'고 하면 왜? 아닌가를 증명해 보이신다. 月令이 生/旺/墓月 중에 生/旺月은 方局을 이룰 수 있지만 墓地(묘지)인 辰/戌/丑/未月은 方/局을 형성할 능력이 없다. 때문에 辰土는 地藏干(지장간)에는 乙/癸/戊가 온전하다. 그래서 바로 천간에 투출한 庚金은 乙木과 합을 하고 戊土에 생을 받아 용신으로 사용할 수 있다.

특히 年干의 庚金까지 있어 용신 역할을 하기에 충분하다. 용신이 정해지면 희신은 그것을 도와주는 五行神이 희신이 된다. 그래서 金/土가 用/喜神이 된다. 다시 대운을 살펴보니 三旬大運까지는 苦戰하였을 것이며 甲申/乙酉大運이 好運이었을 것이다.

컴퓨터 프로그램으로 計數를 측정할 수 있는 무게중심이론인 '五行體用論'으로 五行指數를 검증해 보아도 역시, 木 5.7, 火 2.4, 土 0.0, 金 5.3, 水 0.4로 '木體金土用組'로 金/용신에 土/희신이 되었다.

만약 이 命主가 2024년 현재 나이 15세로 壬午대운에 머물러 나이는 어리고 대운도 忌神대운에 머물러 답답할 것이지만 이런 때는 장래를 위하여 공부하는 것이 제일 좋다.

『子平眞詮』심효첨의 格局論에 의하면 辰中 戊土가 司令하여 偏財格이다. 이 偏財格은 印綬格과 함께 正偏 관계없이 四吉神 중에 하나이다. 재격의 정의는 〈사례 6〉과 〈사례 20〉번에 자세히 설명되어 있다.

심효첨은 취운론에서는, '劫/刃이 太重할 때 財星을 버리고 煞을 취한다.'[49]고 하였다. 하지만 버리는 것이 아니고 '財生煞格'이 되고 煞은 財格에 救神이 된다. 즉 이 명조와 같은 경우이다.

---

49) 至於劫刃太重, 棄財取煞, 『子平眞詮評註』앞의 책, 권4, p20.

時	日	月	年〈事例 34〉
庚	丙	丙	癸(잡기정관격)
寅	午	辰	巳(화체수금용조)

59	49	39	29	19	09
庚	辛	壬	癸	甲	乙
戌	亥	子	丑	寅	卯

임철초 선생님은 다음과 같이 풀이하셨다. 이 命造는 東南의 따뜻한 陽으로써 天干의 金·水는 뿌리가 없는 것처럼 보이지만, 기쁜 것은 月支의 辰土가 있어 火를 洩하고 물을 貯藏(저장)하고 金을 生할 수 있다. 庚金은 뿌리끝에 매달려 생을 받는 형상이니 庚金을 用神으로 할 수 있다.

癸水는 庚金의 喜神인데, 初運에 乙卯/甲寅大運을 만나 金이 絶地(절지)이고 火를 生하고 水는 洩이 되니, 외롭고 고독한 것을 참기가 어려웠으나 한번 癸丑大運을 만나, 北方의 陰濕(음습)한 땅이라 金·水가 通根(통근)하고 또 巳丑이 묘하게도 金局을 이루니 밖으로 나가 크게 얻을 기회를 잡아서 재빠르게 發動(발동)하는 재물 복으로 십여만의 재산을 모았으니, 따뜻한 陽의 氣運이 차가움을 만나서 일어나는 아름다움이다.

譯評 이 명조는 辰月에 태어난 丙火日主로 洩氣(설기)가 되어 약할 것 같지만 天干으로 丙火가 하나 더 있고 地支의 寅午火局을 이루

면서 年支의 巳火까지 있어 일주를 도와주니 일주는 강하다. 때문에 철초 님은 庚金을 용신으로 하고 그 金氣運을 설하는 水氣를 喜神으로 하였다.

하지만 譯評者의 견해로는 月支 辰土의 地藏干에 乙/癸/戊 중에서 癸水에 뿌리를 둔 年干의 癸水(正官)를 용신으로 하고 그 용신을 돕는 金氣를 희신으로 정하고 대운을 살펴보면 二旬大運인 甲寅大運까지 어렵게 살다가 三旬大運 癸丑運부터는 水金大運으로 흐르니 好命이 된 명조이다.

컴퓨터 프로그램으로 計數를 측정할 수 있는 무게중심이론인 '五行體用論'으로 五行指數를 검증해 보아도 역시, 火 6.7, 土 2.7, 金 1.3, 水 1.4, 木 1.3으로 '火體水金用組'로 水/용신에 金/희신이 되었다.

만약 이 命主가 2024년 현재 나이 12세로 乙卯대운에 머물러 철초 님이 설명하시듯, '初運에 乙卯/甲寅大運을 만나 金이 絶地(절지)이고 火를 生하고 水는 洩이 되니, 외롭고 고독한 것을 참기가 어려웠다.'고 하신다. 그러나 癸丑대운부터 水기운이 들어와 '따듯한 陽의 氣運이 차가움을 만나서 일어나는 아름다움이다.'고 하신다.

『子平眞詮』심효첨의 格局論에 의하면 辰中 戊土가 司令하지만 辰土 支藏干에는 乙/癸/戊가 暗藏(암장)되어 있어 이 중 中氣인 癸水가 年干으로 투출하여 이를 格用神으로 잡아 正官格이 되었고 이를 생하는 時干의 庚金이 相(喜)神이 되었다. 이와 같은 결과 격국론과 억부론이 일치하는 用/相神이 되는 命造다. 이 正官格의 定義는 〈사례

15〉에 잘 설명되어 있다.

<table>
<tr><td>時</td><td>日</td><td>月</td><td>年〈事例 35〉</td></tr>
<tr><td>庚</td><td>丙</td><td>乙</td><td>戊(잡기재격)</td></tr>
<tr><td>寅</td><td>寅</td><td>丑</td><td>寅(목체금토용조)</td></tr>
</table>

55	45	35	25	15	05
辛	庚	己	戊	丁	丙
未	午	巳	辰	卯	寅

임철초 선생님은 다음과 같이 풀이하셨다. 丙寅日主가 비록 地支로 세 개의 寅木을 만났으나, 가장 기쁜 것은 丑土가 月令을 잡은 것인데 財星은 庫에 들어가 있으니, 만약 운만 西/北 土/金運으로 달려만 준다면 재산과 가업이 앞 命造를 능가할 것이다.

(그러나) 애석하게도 大運의 흐름이 東南의 木/火 地支니, 조상이 물려준 사업도 탕진해 버리고, 여러 성을 돌아다녔으나 기회를 잡지 못하고, 결국에는 午大運을 만나면서 暗會(암회) 刼局(겁국)이 되어 廣東省에서 한 가지 일도 이룬 것 없이 죽었으니, 이것을 運命이 아니라고는 할 수 없다.

譯評 참으로 자세히도 설명해 주신다. 이와 같은 설명 방법이 철초 님의 특징이라고 할 수 있다. 이 명조의 丙火日主, 三冬之節 중 가장 추운 丑月에 태어나 병화의 기운이 洩氣(설기)가 심하다. 그러나

地支에 三寅이 있어 일주는 '弱變爲强(약변위강)'이 되었다. 때문에 月令 丑月(傷官)의 地藏干(癸/辛/己)에 時干의 偏財(庚)가 뿌리를 내려 용신으로 하고 그 偏財가 생하는 官星을 喜神으로 한다.

결국 앞의 명조와 같이 일간 丙火가 丑土를 생하고, 그 丑土가 庚金을 생하는 순환 구조의 用喜神을 정한다. 이와 같이 사주구조에 나타난 용신과 희신을 정하고 대운을 살펴보니 오히려 대운이 東南方으로 흐르기 때문에 용희신이 원하는 방향의 반대 방향으로 흐르기에 午大運에 광동성에서 죽는 운명이 된 것이다. 결론적으로 '命 좋은 것은 運 좋은 것만 못하다.'가 된 명조이다.

컴퓨터 프로그램으로 計數를 측정할 수 있는 무게중심이론인 '五行體用論'으로 五行指數를 검증해 보아도 역시, 木 5.0, 火 2.8, 土 4.0, 金 1.4, 水 1.3으로 '木體金土用組'로 金/용신에 土/희신이 되었다.

만약 이 命主가 2024년 현재 나이 27세로 戊辰대운에 머물러 다행스럽게도 이 대운이 가장 좋은 대운이 될 것이다. 하지만 철초 님이 설명하셨듯이 다가오는 火대운은 비록 地支로 들어오는 午火일지라도 寅午火局을 이루어 群劫爭財(군겁쟁재)가 일어나 죽게 된 命主다.

『子平眞詮』심효첨의 格局論에 의하면, 역시 丑月에 태어나 地藏干 중, 辛金에 뿌리를 내린 시간의 庚金을 格으로 정하여 '雜氣財格(잡기재격)'이 되었다. 역시 이 재격도 四吉神 중 하나로 相神은 土(食傷)가 되고 救神은 水(官星)가 되지만 土(食神)오행은 유용하지만 水(官星)오행은 印星(木)이 강하여 일주가 旺해졌기에 水오행은 水生

木 木生火로 부담이 되는 오행이다. 격국론으로는 成格이 되었으나, 대운이 印/比대운으로 흘러 '群劫爭財(군겁쟁재)' 현상이 일어나 죽게 된 命主다.

時	日	月	年〈事例 36〉
壬	乙	己	丙(인수격)
午	酉	亥	子(식상제살격)

57	47	37	27	17	07
乙	甲	癸	壬	辛	庚
巳	辰	卯	寅	丑	子

임철초 선생님은 다음과 같이 풀이하셨다. 이 命造는 西/北의 차가운 陰의 氣運인 酉·亥·子가 있고, 겨울의 나무는 더욱이 햇빛을 향해야 마땅하여 丙火를 용신으로 하니 壬水가 곧 그 病이 된다. 그러나 기쁜 것은 壬水가 멀리 떨어져 있고 일주와 더불어 굳게 붙어 있는 것이다. 본래가 일주는 쇠약한데 壬水가 일주를 생하는 것이 일찍이 반갑지 않은 것이 없다. 더욱이 己土가 투간하여 능히 물길을 가운데로 흘러가게 막아 정하여 주는 것이다.

또 반가운 것은 天干의 水/木/火/土가 각각의 본성을 가지고 서로 생하여 주는 정이 있다. 地支의 午火는 七殺에 바짝 붙어 制하고, 年/月의 火/土에 祿旺(록왕)으로 通根(통근)하고, 다시 기쁜 것은 行運이 東/南의 따뜻한 陽의 자리로 흘러간다. 사주가 有情한 것뿐만 아니라, 行運 또한 빛나고 형통하여 젊어서 과거에 급제하고 벼슬은 봉강까지 이르니 이 모두가 陰陽의 배합의 묘함이다.

譯評 초겨울 乙木日主, 地支로는 한냉한 물이 흐르고 유일하게 時支의 午火가 이 차가운 물을 덮혀 주기에는 역부족이다. 때문에 철초 님이 설명하듯 天干의 陽火인 丙火가 사주 전체에 온기를 불어넣는다. 때문에 용신은 丙火로 정하였으면 喜神을 찾아야 한다. 용신인 丙火가 약하므로 도움을 주는 木星이 희신이 된다. 일간은 用喜神 그룹에서 제외되므로 大運을 기다려야 한다.

한편 철초 님은 年/月의 火/土가 通根祿旺(통근록왕)하다고 한 것은 時支의 午火에 通根하였다는 것인데 너무 거리가 멀어 譯者의 눈에는 잘 보이지 않는다. 却說(각설)하고 용신은 丙火이며 희신은 木星이다. 한편 철초 님은 '早年聯登甲第(조년련등갑제)'라고 하였으나 三旬大運 寅大運부터 五旬大運 辰大運을 제외한 모든 대운이 好運으로 흐르고 있다.

컴퓨터 프로그램으로 計數를 측정할 수 있는 무게중심이론인 '五行體用論'으로 五行指數를 검증해 보아도 역시, 水 5.4, 木 2.3, 火 2.8, 土 1.0, 金 3.2로 '水體土火用組'이나 土/不用하고, 火/用神에 木/喜神이 되었다. 하지만 프로그램에서는 '특수격'으로 '食傷制煞格(식상제살격)'으로 나왔다.

만약 이 命主가 2024년 현재 나이 29세로 壬寅대운에 막 접어들어 壬대운에 들어와 약간 不美할 수 있지만 용신인 丙火가 손상을 입을 듯하지만 바로 옆에 己土가 있어 壬水를 막아 주고 午火는 地支로 寅木이 있어 寅午火局을 이루어 好運이 된 命主다. 역시 용신이 생하는 오행은 극하려고 들어오는 오행을 막아주는 救神(구신)이 된다. 아능구모(兒能救母)로 자식이 엄마를 구하는 현상이다.

『子平眞詮』심효첨의 격국론에 의하면, 月令인 亥水와 일간 乙木과의 육친관계는 印綬格이다. 이 格의 定義는 〈사례8〉, 〈사례 9〉, 〈사례 16〉에 잘 정리되어 있다.

또 取運論에서는 印綬格에 食/傷을 相神으로 쓸 경우 財星運은 오히려 吉하고 食傷運도 역시 이롭다. 그러나 만약 官運으로 대운이 흐르면 재앙을 당할 것이며, 煞運으로 흐르면 오히려 능히 복이 될 것[50]이라고 하였다.

이와 같이 取運論에서 보다시피 相神으로 傷官(丙火)을 정해 놓고 대운의 흐름은 財星運과 食傷運과 煞運만 好運이라고 정의하였지만, 중화론을 중심으로 用神(격국론의 相神)을 결정한 후 喜神을 정하는 경우에는 그 용신이 강하면 설기하는 五行神으로, 그 용신이 약하면 부조하는 五行神을 희신으로 정한다. 물론 이 명조의 경우처럼 比劫運도 꺼리지 않는다.

---

50) "印綬而用傷食, 財運反吉, 傷食亦利, 若行官運, 反見其災, 煞運則反能爲福矣", 위의 책, p.38.

時	日	月	年〈事例 37〉
壬	乙	丙	己(인수격)
午	丑	子	亥(수체토화용조, 토불용)

57	47	37	27	17	07
庚	辛	壬	癸	甲	乙
午	未	申	酉	戌	亥

임철초 선생님은 다음과 같이 풀이하셨다. 이 命造는 앞의 命造에서 (日支의) 酉金 하나만 바뀌었다. 일반적인 이론이라면 酉가 丑으로 바뀐 것이 더욱 아름답다 한다. (그 이유는) 酉金은 곧 나를 剋하는 七殺이고 丑土는 곧 내가 剋하는 財星이고 또 能히 물을 멈추게 하니, 진실로 묘함이 있다.

(그러나) 알지 못하고 하는 소리이다. 丑土는 濕土라, 능히 火氣를 설하고 물은 막지 못하며, 앞 命造의 酉金은 비록 七殺이나 午火가 바로 옆에서 剋을 하고 火의 元神을 洩할 수 없고, 丙火는 年에 있고, 壬水와는 멀리 떨어져 있으며, 또 己土가 사이에 두고 자리를 하고 있는데, 이 命造는 丙火가 月에 있고 壬水와 가까이 있고, 己土는 힘을 쓸 수 없으며, 子水 또한 가까이 相沖하고 있다. 大運 또한 西/北의 차가운 陰의 자리로 흐르니, 丙火는 生扶를 받을 만한 것이 하나도 없으니, 乙木이 어찌 生氣가 일어날 수 있겠는가?

十干體象篇(십간체상론)에서 이르되, '虛溼之地(허습지지)는 騎馬亦憂(기마역우)'라 하였으니 그 말은 잘못된 말이 아니다. 그리하여 선비의 꿈은 굽어지고 씻은 듯이 한 번의 가난으로 마누라는 죽고 자식은 없는데 壬申大運에 이르러 丙火가 剋을 받아 火氣가 다하여 죽었다. 이른바 말하여 陰이 陰의 자리를 타면 陰氣가 성하여 지는 것이다.

譯評 앞의 명조는 亥月의 乙木이고, 이 명조는 子月의 乙木으로 같은 동절기라도 亥月과 子月의 차이는 엄청난 차이가 난다. 예를 들면 亥水의 地藏干에는 戊/甲/壬이라는 天干이 들어 있으나, 子水에는 壬/癸水만 있어, 亥水는 비록 같은 水氣運이라도 戊土와 丙火가 뿌리를 내릴 여지가 있지만 子水는 유일하게 壬/癸水의 뿌리가 된다. 또한 앞의 명조는 亥子水로 이루고 있지만 이 명조는 亥子丑 方合을 이루고 있으므로 앞의 명조보다 水氣運이 월등히 강하다.

또한 앞의 명조는 丙子 陽年에 태어난 乾命이므로 대운이 순행하여 二旬大運까지 子/丑大運이므로 불리하지만 三旬大運부터는 木/火大運으로 이어져 好運이 되었다. 그러나 이 명조는 己亥 陰年에 태어난 乾命이므로 대운 역시 逆行하여 水/金大運으로 흐르기에 子月에 태어난 乙木은 발생불능상태가 되었다.

컴퓨터 프로그램으로 計數를 측정할 수 있는 무게중심이론인 '五行體用論'으로 五行指數를 검증해 보아도 역시, 水 7.0, 木 1.5, 火 2.4, 土 3.2, 金 0.3으로 '水體土火用組'이나, 土/不用하고, 火/用神에 木/喜神이 되었다.

만약 이 命主가 2024년 현재 나이 6세로 대운에 들어서지 못하는 나이이고 66세로 논하게 되면 이미 이 세상에 없는 인물이 될 것이다. 이렇게 사주가 편고하게 태어나면 고단한 삶은 필연적이라고 할 수 있다.

『子平眞詮』또 印綬格이다. 正/偏을 구분하지 않는 四吉神 중에 하나이므로 格用神은 前造와 같은 印綬格이고, 이 格의 定義는 〈사례 8〉, 〈사례 9〉, 〈사례 16〉에 잘 정리되어 있다. 取運論에 의한 相神은 丙火 傷官으로 하고 好運이 되려면, 食傷運과 財星運과 煞運으로 흘러야 한다. 이 같은 이론에 의하면 이 명조는 取格에서는 成格이 되었으나 대운이 前造는 建命에 陽年生이라 順行하고 此造는 建命에 陰年生이라 逆運이 되어 取運에서 破格이 되었다.

時	日	月	年〈事例 38〉
丙	丙	戊	甲(식신격)
申	寅	辰	寅(목체금토용조)

54	44	34	24	14	04
甲	癸	壬	辛	庚	己
戌	酉	申	未	午	巳

임철초 선생님은 다음과 같이 풀이하셨다. 이 命造는 日主가 印綬를 아래에 깔고 앉아 있으며, 늦은 봄에 태어나 印綬의 氣運이 남아 있고, 또 年에서 甲寅을 만났으니 즉 지나치게 과하다. 土가 비록 當令을 하였으나, 木氣運은 더욱 단단하여 반기는 것은 寅·申의 沖이며, 用神은 財星(申金)으로 한다.

그러나 싫은 것은 比肩(丙火)이 申金 위에 있어서 沖을 하여도 무력하다. 初年運은 南方으로 달려서 살아가는데 屈曲(굴곡)이 심하였고, 壬申/癸酉大運 二十年을 만나 寅木을 沖하는데 도움을 주고 比劫을 除去한 結果, 創業(창업)을 하여 집안을 흥하게 하였다. 이것을 말하여 印綬의 도움을 받아 財星을 취하는 것이다.

譯評 이 명조의 용신은 時支의 申金이다. 용신을 정하고 그 용신의 강약을 살펴서 희신을 정한다. 용신이 약하므로 土星을 희신으로 한다. 그 다음으로 대운을 살피는데, 三旬大運까지는 굴곡 있는 삶을 살았을 것이다. 왜냐하면 天干으로 들어오는 己/庚/辛이 용신오행이지만, 그러나 地支로 巳/午/未 남방화운으로 比劫運이기 때문에 '起倒異常(기도이상)'의 삶이었을 것이다.

이후 四旬大運부터 20년간은 好運이었을 것이며, 六旬인 甲戌大運에 月柱를 天剋地沖(천극지충)하여 벌어 놨던 재산 절반은 날아갔을 것이다. 이와 같이 六旬大運이면 반드시 月柱와 天剋地沖運이 오게 되었는데 이때가 그 命主의 好/不好의 운명을 정리하는 대운이라고 할 수 있다.

컴퓨터 프로그램으로 計數를 측정할 수 있는 무게중심이론인 '五行體用論'으로 五行指數를 검증해 보면, 木 5.0, 火 2.7, 土 4.0, 金 1.4, 水 1.0으로 '木體金土用組'로 역시 철초 님 설명에 공감하며, 金/用神에 土/喜神이 되었다.

만약 이 命主가 2024년 현재 나이 51세로 癸酉대운 酉대운에 머물러 있어 가장 좋은 때를 만난 것이다. 앞으로 甲戌대운은 그다지 좋은 운은 아니다.

『子平眞詮』심효첨의 격국론에서는 이 식신격은 〈사례 2〉, 〈사례 7〉, 〈사례 23〉 중 〈사례 7〉번에 자세히 定義하고 있다.

또한 取運論에 의하면, 만약에 食神格에 印星이 함께 있으면 財星이 투출하여 이를 해결해야 한다. 대운이 財星이 旺한 운으로 흘러야 반기고, 食傷運 역시 길하며, 印星과 官煞運은 꺼린다고 하였다.[51]

이와 같은 成格의 조건과 取運論에 의하면 이 명조는 食神格에 偏印(梟神)이 食神을 극하므로 破格이 되었으며, 取運論에서는 財星이 투간하여야 한다고 하였으나 偏財인 申金이 時支에 자리하고 있으며, 더하여 天干으로 丙火가 자리를 하고 있어 투간이라는 것은 바랄 것도 없는 실정이다. 그러나 '運喜財旺(운희재왕), 食傷亦吉(식상역길)'이라는 구절만 효과가 있었을 것이다.

時	日	月	年〈事例 39〉
丙	丙	甲	壬(인수격)
申	寅	辰	申(목체금토용조, 불용)

55	45	35	25	15	05
庚	己	戊	丁	丙	乙
戌	酉	申	未	午	巳

51) "若食神帶印, 透財以解, 運喜財旺, 食傷亦吉, 印與官煞皆忌也", 위의 책, p. 56.

임철초 선생님은 다음과 같이 풀이하셨다. 이 命造도 印綬가 日支에 있고 또한 늦봄에 태어나, 일찍이 印綬가 여유가 없는 것이 아니다. 年干의 官殺인 壬水는 印星을 생하여 유정하니, 두려워할 필요는 없다. 싫은 것은 양쪽의 申金(財星)이 寅木을 沖하여 寅木의 뿌리가 뽑히는데, 오히려 기쁜 것은 壬水가 洩金生木(설금생목)하는 것이다.

運이 丙午大運으로 흐를 때, 劫財(午火)가 申金인 財를 없애니 國立學校에 入學도 하고 등科하여 補廩(보름)이 되었다. (그러나) 丁未大運에 壬水를 합하여 가니, 春闈試驗(춘위시험)에 세 번이나 도전하여도 붙지 못하였으며, 戊申大運 壬水를 극하여 없애고 寅木을 세 개의 申金이 충을 하므로 길거리에서 죽었다.

이 命造의 壬水는 甲木의 元神을 가지고 있기에 단절되거나 다쳐서는 不可하다. 壬水가 받는 상처는 甲木을 반드시 외롭게 할 것이니, 이른바 유일하게 殺이 하나에 印星을 用神으로 하는 경우에는 가장 꺼리는 것은 制殺(제살)이다.

譯評 이 명조는 임철초식 中和用神格에 의한 格名은 '官印相生格(관인상생격)'이다. 즉 年干의 偏官과 日干 사이에 印星이 있어 官生印 印生我의 구조로 되어 이 삼자의 連生構造(연생구조) 중에 발원지인 官星이 剋을 받으면 用神格이 깨지는 파격이다. 결론적으로 이 명조의 用神은 印星인 木星이고 그 木星을 돕는 水星이 喜神이다. 하지만 아래, 컴퓨터 프로그램으로 計數를 측정할 수 있는 무게중심 이론인 '五行體用論'으로 五行指數를 검증해 보면, 木 7.1, 火 2.2, 土

0.0, 金 2.4, 水 2.5로 '木體金土用組'이나, 프로그램에서는 金五行을 쓸 수 없다고 한다. 아마도 月支의 辰土가 木化로 변하여 외로운 年/時支의 申金으로는 用力이 부족하여 不用한다고 나오는 듯하다. 역시 『滴天髓闡微』를 증주하신 철초 님의 뜻을 정단 선생님과 프로그래머이신 함범종 씨가 철저하게 따르신 듯하다.

만약 이 命主가 2024년 현재 나이 33세로 丁未大運에 壬水를 合하여 가니, 春闈試驗(춘위시험)에 세 번이나 도전하여도 붙지 못하여 실망이 대단할 것이다. 하지만 다음 대운인 戊申大運 壬水를 剋하여 없애고 寅木을 세 개의 申金이 沖을 하므로 길거리에서 죽게 될 운명이다.

『子平眞詮』심효첨의 격국론에 의하면, 辰中 乙木에 뿌리를 두고 투출한 甲木이 格用神이 되어 印綬格이 되었다. 이 格의 定義는 〈사례8〉, 〈사례 9〉, 〈사례 16〉에 잘 정리되어 있다. 다시 取運論에 의한 好運이 되려면, 食傷運과 財星運과 煞運으로 흘러야 한다. 이 같은 이론에 의하면 이 명조는 取格에서는 財星을 취하여 成格이 되었으나, 철초 님은 이 재성은 抑扶論에서는 쓸 수 없다고 하였다.

時	日	月	年〈事例 40〉
乙	壬	辛	己(기명종재격)
巳	午	未	巳(중첩방합국)

55	45	35	25	15	05
乙	丙	丁	戊	己	庚
丑	寅	卯	辰	巳	午

임철초 선생님은 다음과 같이 풀이하셨다. 地支의 種類가 南方으로 南方의 火가 地支의 권세와 당령을 잡았으니, 地支는 旺함이 극에 달했다. 불이 타고 있으니 흙은 메마를 것이요, 金은 무르고 부서지고 약하여 물의 발원지가 되기는 어렵고, 天干이 쇠한 것은 극에 달했다.

그러므로 日干의 마음은 辛金에 있는 것이 아니라, 그 뜻은 반드시 午中 丁火를 향하여 있으니 합하여 從을 했다. 己巳/戊辰大運에 金을 生하고 火를 설하니 형벌도 당하고 재산도 줄었으나, 丁卯/丙寅大運에 木/火가 함께 왕하여 辛金을 극하여 소진시키므로 장사를 하여 많은 돈을 벌었다.

譯評 이 명조의 주인인 日干은 陽干의 壬水로서 十干의 體性에 관해 原文에서도 설명하였듯이 '壬水通河(임수통하), 能洩金氣(능설금기), 剛中之德(강중지덕)'이라고 하였듯이 金氣를 洩氣할 능력이 충분하고 또 그 기운은 剛한 가운데 德이라고 하였다. 또한 뒷부분에 '化則有情(화즉유정), 從則相濟(종즉상제).'라고 하여 從格과 化格에 관해서도 선제조건을 제시하고 있다.

이와 같은 이론에 의하여, 『淵海子平』의 '棄命從財格(기명종재격)'이 출현하였으며 이에 영향을 받아 청대에 임철초에게 영향을 주어 이 從格을 擴張 발표하였다. 자세한 내용은 譯評者의 논문 중 '從格의 擴張' 節目에 자세히 설명하였다. 이 명조도 증주자의 설명대로 月干의 辛金인 正印이 地支의 도움이 전혀 없으므로 枯弱한 상태이다. 그러한 이유로 일간의 의향은 本主의 體性에 따라 財星(火星)을 따라 相濟하려 한다. 결론적으로 이 명조는 '棄命從財格'이다.

컴퓨터 프로그램으로 計數를 측정할 수 있는 무게중심이론인 '五行 體用論'으로 五行指數를 검증해 보면, 火 8.0, 土 0.0, 金 0.4, 水 1.0, 木 1.4로 '火體水金用組'이나, 火宗主五行이 極强하므로 金/水五行을 不用하고, 宗主五行인 火五行을 중심으로 木/火/土五行 中, 木/火五 行이 用/喜神이 되었다. 프로그램에서는 특수격인 '重疊方合局'이 되었다.

만약 이 命主가 2024년 현재 나이 36세로 丁卯大運에 丁대운에 머물러 원국에 辛金을 剋하여 消盡시키므로 장사를 하여 많은 돈을 벌고 있는 중일 것이다.

『子平眞詮』심효첨의 棄命從財格에 관하여 보겠다. 棄命從財格이라는 것은 사주가 모두 財星으로 되어 있고 일주가 無氣해야 한다. 命을 버리고 그것을 따르면 格을 이루어 大貴格이 된다. 만약에 印星이 투간하면 일주는 인성의 생에 의지하여 不從하고, 官煞이 있어도 역시 從財나 從煞의 이치는 없는 것으로 格을 이룰 수가 없다[52]고 하였다.

이와 같은 심효첨의 이론대로라면 이 명조는 從財格에서 탈락하는 명조가 된다. 왜냐하면 月干의 辛金이 日主 壬水에게는 正印이 되기

---

52) "有棄命從財者, 四柱皆財而身無氣, 捨而從之, 格成大貴, 若透印則身賴印生而不從 有官煞則亦無從財兼從煞之理, 其格不成", 위의 책, 같은 권, p.60.

때문이다. 그렇다면 임철초의 從格論과도 배치되는 이론이다. 하지만 임철초는『연해자평』의 '棄命從財格'의 이론을 확장하여 無根인 印綬는 그 능력을 무시하였다.

時	日	月	年〈事例 41〉
庚	丁	丙	己(기명종살격)
子	亥	子	丑(수체토화용조, 불용)

58	48	38	28	18	08
庚	辛	壬	癸	甲	乙
午	未	申	酉	戌	亥

임철초 선생님은 다음과 같이 풀이하셨다. 이 명조는 地支의 종류가 북방에 모두 속하니 地支의 기운은 왕함이 극에 다다랐다. 天干의 火氣運은 허한데, 생하는 도움을 줄 만한 木은 없고, 또 습한 土인지라 불기운을 흡수하니, 天干은 극도로 쇠약해져 있다. 모든 사람들이 이야기하기를 '殺重身輕(살중신경)'이라 하여 火를 취하여 日主를 도와 官殺과 대적하여야 한다고 말하였는데, 이 命造의 地支는 官星이 너무나 旺하고 또 地支의 種類가 官星 北方의 種類이며, 天干에는 印星도 없고, 己土는 丙火의 기운만 설기하니, 日主를 도와주기에 부족하다.

이 때문에 天干과 地支가 합을 하여 官을 따라야 한다. 그러므로 甲戌大運 중에 生火剋水하여 집안이 몽땅 망하였다가, 癸酉/壬申大運에 丙火를 극하여 소진시키고 財星과 官星이 일어나는데 도움을 주어 5만의 이익을 얻었다. 未運 丙子年에 화재를 만나 2만을 날렸다.

모든 사람들은 火/土가 用神이니 이 午/未運은 아름답다고 하여 취하라고 하였는데 그러나 比劫이 財를 빼앗아 가는 것을 알지 못함이라 결국은 반대로 큰 흉에 이르게 한 것이다. 未運 戊寅年에 金이 絕地(절지)에 있고 火를 生하고, 또 亥水를 合하여 가는 바람에 반드시 큰 흉이 있어 과연 늦여름에 죽었다.

譯評 앞의 사주를 철초 님은 '棄命從財格(기명종재격)'을 가지고 例示히였으나, 이 사주는 '棄命從煞格(기명종살격)'을 가지고 설명하였다. 이와 같은 설명법은 철초 님의 特性이라고 할 수 있다. 譯評者가 보기에도 이 명조는 月支 子水로 양 옆으로 亥와 丑이 자리하고 있어 완벽한 亥子丑 北方水局을 이루어 丁火日主에게는 正官格局을 이루고 있다.

더하여 태어난 時間이 庚子時라 더욱 수세가 강해졌다. 더하여 철초 님의 설명과 같이 天干으로 印星이 없고 己土는 丙火를 설기하고 충분히 일주를 도울 수가 없다. 또한 丁火의 十干體性論에서도 말했듯이 (이 丁火는) 만약 嫡母(적모 : 甲木)만 있다면 가을도 좋고 겨울도 좋다[53]고 하였으나, 아쉽게도 嫡母(친엄마)가 없으므로 할 수 없이 약한 陰干인 丁火가 강한 官星을 따르는 것이 오히려 從을 하여 사주 자체의 조화를 이루게 된 것이다.

컴퓨터 프로그램으로 計數를 측정할 수 있는 무게중심이론인 '五行

---

53) "如有嫡母, 可秋可冬"

축약 적천수천미 용신분석

體用論'으로 五行指數를 검증해 보면, 水 8.7, 木 0.9, 火 1.3, 土 2.2, 金 1.2로 '水體土火用組'이나, 土/火五行은 用力이 不足하여 不用하고, 宗主五行인 水五行을 중심으로 金/水/木五行 중, 金/水五行이 用/喜神이 되었다.

만약 이 命主가 2024년 현재 나이 17세로 乙亥大運에 亥대운에 머물러 아직은 괜찮은 운인데, 철초 님은 18세 甲戌大運 중에 生火剋水하여 집안이 몽땅 망하였다가, 癸酉/壬申大運에 丙火를 극하여 소진시키고 財星과 官星이 일어나는 데 도움을 주어 5만의 이익을 얻었다. 그러나 辛未대운 未대운 戊寅年에 金이 絶地에 있고 火를 生하고, 또 亥水를 合하여 가는 바람에 반드시 큰 흉이 있어 과연 늦여름에 죽었다고 한 命主다.

『子平眞詮』 다음은 심효첨의 棄命從煞格의 설명이다. 棄命從煞格이란? 사주가 모두 煞로 이루어져 일주가 無根하여 자기를 버리고 그것을 따르면 격을 이루어 大貴格이 되는 것이다. 만약에 食/傷이 있으면 煞이 伏制를 당해 따를 수가 없으며, 印綬가 있으면 印綬가 化煞을 하여 不從이 된다. 만약에 乙酉/乙酉/乙酉/甲申은 李侍郎의 명조인데 대운은 財官運을 반기고 身旺함은 마땅치 않으며 食傷運은 더욱 꺼린다[54]고 하였다.

---

54) "棄命從煞者, 四柱皆煞, 而日主無根, 捨而從之, 格成大貴, 若有傷食, 則煞受制而不從, 有印則印以化煞而不從, 如乙酉/乙酉/乙酉/甲申, 李侍郎命是也, 運喜財官, 不宜身旺, 食傷則尤忌矣",『子平眞詮評註』권5, 앞의 책, p.60.

위와 같이 심효첨은 종재든 종관격이든 일단 從格의 성립조건은
사주 자체가 하나의 기운으로 이루지면서 그로 인하여 일주가 無氣
한 조건, 즉 地支에 無根이 된 상태를 제1조건이다. 다음의 從의 조건
은 사주 자체에서 일주를 도와주는 印星이 없어야 한다. 특히 天干으
로 투출한 印星이 貼身(첩신)하고 있으면 不從한다.

이와 같이 從의 조건을 100년 후에 철초 님의 중화용신 이론보다
매우 까다롭게 보고 있다. 그 이유는 심효첨은『淵海子平』의 이론을
철저하게 따르기 때문에 신중함을 요하고 고도의 세밀한 探局(탐국)
을 필요로 하였다. 이와 같은 조건에서 사주를 살펴보면 地支가 亥子
丑 北方水局을 이루고 天干으로 印星도 없으므로 格局論에서도 인정
하는 棄命從煞格이 되는 명조이다. 또 이와 같이 成格이 되면 取運도
그 격을 따라, 財/官運을 반기고 身旺한 운은 마땅치 않으며 食/傷運
이면 더욱 꺼린다[55)]고 하였다.

時	日	月	年〈事例 42〉
甲	甲	己	壬(정관격)
子	申	酉	午(수체토화용조, 불용)

58	48	38	28	18	08
乙	甲	癸	壬	辛	庚
卯	寅	丑	子	亥	戌

---

55) "運喜財官, 不宜身旺, 食傷則尤忌矣", 위의 책, 같은 곳.

임철초 선생님은 다음과 같이 풀이하셨다. 甲申 日主가 八月에 태어나서 官殺이 계절의 세력을 잡았는데 기쁜 것은 午火가 바로 옆에 붙어 酉金을 制하고 子水가 申金을 화하니 이른바 官은 제거하고 殺만 남아 殺印相生(살인상생)을 한다. 木은 메말라 있는데 金은 旺하니, 印星을 用神으로 하니, 과거에 연달아 올라가고, 郞署(랑서)부터 시작하여 나아가 관찰사가 되고 臬憲(얼헌)에 이어서 封疆(봉강)까지 올랐다

譯評 여기서, 참고적으로 증주자의 '殺印相生格'이란 심효첨의 격국론에 의한 相神論이 아니라 중화 용신에 의한 用神格을 말하는 것이다. 譯評者의 견해로는 酉月의 甲申日柱는 月支와 日支의 酉/申으로 이루어져 신약한 명조이다.

결론적으로 이 강한 殺性을 설기하는 子水가 이 명조의 가장 필요한 용신이다. 또한 그 洩氣(化殺)한 기운을 약한 일주를 부조하므로 하나의 오행신이 두 가지 작용을 하는 매개체가 된다. 즉 명리용어로 官生印(관생인), 印生我(인생아)의 작용을 하는 것이다. 대운 역시 일간을 돕는 水/木大運으로 흘러 好運이 되었다.

컴퓨터 프로그램으로 計數를 측정할 수 있는 무게중심이론인 '五行體用論'으로 五行指數를 검증해 보면, 水 4.8, 木 0.9, 火 1.3, 土 2.2, 金 4.1로 '水體土火用組'이나, 土/火五行은 用力이 不足하여 不用하고, 宗主五行인 水五行을 중심으로 金/水/木五行 중, 水/木五行이 用/喜神이 되었다. 얼핏 보면 금오행이 강할 듯한데 水오행이 강한 것

으로 나온다. 물론 용신을 잡는 데는 지장이 없다.

만약 이 命主가 2024년 현재 나이 23세로 辛亥大運 중, 辛대운에 머물러 好運으로 접어들고 있다.

『子平眞詮』심효첨의 격국론 의하면, (正官格은) 煞과 혼잡되면 불가하다. 또 官星이 중첩되고 더불어 地支의 刑沖은 불가하기에 局을 무엇을 취해야 할 것인가를 묻지 말라! 모두 不利하다[56]고 하여, 심효첨은 이와 같은 격이 나오면 파격으로 分離하여 凶格으로 정하고 말았다.

하지만 철초 님은 위의 명조 〈事例 42〉를 月干의 酉金을 午火가 制하고 日支의 申金을 時支의 子水가 化殺을 하여 '去官留殺(거관유살)'하여 '殺印相生格(살인상생격)'으로 정리하였다.

時	日	月	年〈事例 43〉
甲	甲	己	壬(정관격)
子	申	酉	辰(수체토화용조, 불용)

56	46	36	26	16	06
乙	甲	癸	壬	辛	庚
卯	寅	丑	子	亥	戌

---

56) "不可雜煞, 不可重官, 與地支刑沖, 不問所就何局, 皆不利也",『子平眞詮評註』권4, 앞의 책, p.6.

임철초 선생님은 다음과 같이 풀이하셨다. 이 命造는 앞 命造와 더불어 단지 辰字 하나만 바뀌었다. 일반적으로 말하여 앞 命造는 즉 '制官留殺(제관유살)'이요, 이 명조는 즉 '合官留殺(합관유살)'이니, 벼슬길에서의 功名은 (앞의 명주와) 높고 낮음이 없을 것이라고 할 수 있지만, 그러나 하늘과 땅 차이가 난다는 것을 모르는 것이다.

무릇 制하는 것은 상대를 극하여 가져가는 것이고, 合이라는 것은 가져가는 경우도 있고, 가져가지 않고 있는 경우도 있다. 이와 같이 하여, 辰土는 財인데 즉 (辰土의 성질은 金과 合을 하면) 金으로 化하여 그것을 가져간다. (이 명조에서) 酉金은 官이다. (그런데 이 辰土는) 오히려 金과 합을 하여 化金이 되어 殺의 무리를 만든다. 이 命造를 보면 淸한 가운데 濁한 氣運이 있는데 바로 이 財가 濁한 病이 된 것이다.

(그런 이유로) 功名에서의 비틀거리는 것뿐만 아니라, 형벌이나 재산이 줄어드는 것을 말로 표현할 수 없었다. 오직 亥大運에 生을 만나 조금 옷깃을 여미는가 했더니, 壬子大運에 만약 木年만 만났다면 秋闈試驗에 유망하였는데 癸丑年에 印綬인 子水와 합하여 가니 한번 벼슬길에서 막히고 흉함만 있고 길함은 없었으며, 甲寅大運에 申金의 충을 받아 수명도 끝을 맺었다.

譯評 이 명조의 특징은 앞의 명조는 壬午年에 태어나고, 본 명조는 壬辰年生이다. 철초 님의 의도는 앞의 명조는 심효첨의 격국론에서 破格인 명조가 중화용신론에 의하면 正/偏에 의한 四吉/四凶神을

구분하지 않고 오히려 강한 五行神을 沖去하거나 制伏을 시켜야 한다는 이론이다.

철초 님은 이 명조를 비교하여 본인의 명조와 같은 '合官留煞格(합관유살)'이 大貴格이라는 격국론을 부정하고 있다. 이 격 역시 地支로 正/偏官이 혼재되어 正官格이 오히려 七煞格으로 변해버린 명조가 되었다.

때문에 이 강한 化煞을 위하여 時支 子水가 용신이 되었다. 그런데 이와 같이 官星이 강해 일주가 약해진 상태에서 比劫大運인 甲寅大運에 終命을 한 까닭은 무슨 이유일까? 바로 '衰者沖旺旺神發(쇠자충왕왕자발)'의 효과 때문이다.

앞의 명조는 다행스럽게도 午酉沖을 하여 酉金을 沖去하고 본 명조는 辰酉合하여 化金으로 변하여 강한 煞星을 더욱 강하게 만들었다. 이와 같이 旺한 神은 洩氣는 즐겨도 制伏은 즐기지 않기 때문이다. 심효첨의 격국론은 앞의 명조와 동일하다. 결론적으로 임철초는 어떤 이론을 비판하였으면 그 비판하게 된 이유를 이와 같이 명조를 통하여 증명하고 있다.

컴퓨터 프로그램으로 計數를 측정할 수 있는 무게중심이론인 '五行體用論'으로 五行指數를 검증해 보면, 水 4.8, 木 0.9, 火 1.3, 土 2.2, 金 4.1로 '水體土火用組'이나, 土/火五行은 用力이 不足하여 不用하고, 宗主五行인 水五行을 중심으로 金/水/木五行 중, 水/木五行이 用/喜神이 되었다. 이 사주도 역시 金오행이 강할 듯하지만 역시 水오행이 강하게 나온다. 용신을 잡는 데는 역시 지장은 없다.

만약 이 命主가 2024년 현재 나이 13세로 庚戌大運 중, 戌대운에 머물러 不美한 運일 것이다.

『子平眞詮』심효첨의 格局論은 바로 위의 명조와 동일한 格局이기 때문이다. 이 格의 定義는 〈사례 15〉번에 잘 설명되어 있다.

時	日	月	年〈事例 44〉
庚	丙	癸	己(재격)
寅	寅	酉	巳(금체화목용조, 목용신)

58	48	38	28	18	08
丁	戊	己	庚	辛	壬
卯	辰	巳	午	未	申

임철초 선생님은 다음과 같이 풀이하셨다. 이 명조는 일주가 두 개의 長生地에 앉아 있고 年支에 또 祿旺地가 있으니, 관성을 용신으로 하기에 충분하나, (애석한 것은) 己土가 바짝 붙어 한번 상처를 입고 있다. 그러나 반갑게도 官星이 財星 위에 앉아 있고, 더욱 묘한 것은 '巳酉'合金을 한 것이다. 때문에 己土의 기운은 이미 洩氣(설기)되고, 官星의 뿌리는 튼튼하다. 이러한 이유로 일생 동안 凶險을 만나지 않고 名譽와 利益이 모두 온전하였다.

譯評 철초 님은 '日主兩坐長生(일주양좌장생)'하고 '年支又逢祿

旺(년지우봉록왕)'하여 '足以用官(족이용관)'이라 하여 月干의 癸水
를 용신으로 하고 이를 돕는 月支의 酉金을 희신으로 하였다. 그런데
대운설명도 없이 '일생동안 凶險을 만나지 않고 名譽와 利益이 모두
온전하였다'고 하신다. 여기서 철초 님의 실수가 〈사례명조 2〉다음으
로 두 번째 실수가 나왔다.

결론적으로, 컴퓨터 프로그램으로 計數를 측정할 수 있는 무게중
심이론인 '五行體用論'으로 五行指數를 검증해 보면, 金 5.6, 水 1.0,
木 3.4, 火 3.0, 土 1.6으로 '金體火木用組'로 火/木五行이 用/喜神이
되고, 대운을 살펴보니 初運인 壬申大運을 지나면 火/木대운으로 흘
러 好運이 되었다. 철초 님이 용신으로 주장한 水五行은 宗主五行이
金五行이라 이를 洩하는 水五行은 + 閑神이 될 뿐이다.

만약 이 命主가 2024년 현재 나이 36세로 庚午大運 중, 午대운에
머물러, 好運이지만 앞으로 己巳/戊辰大運은 현재보다는 안 좋은 운
이 될듯하다.

『子平眞詮』심효첨의 격국론에 의하면, 財格[57]으로 脚註에 이 재격
의 정의를 옮겨 놓았다. 〈사례 6〉과 〈사례 20〉에는 번역 글이 있다.
이 명조는 救神은 이 財星의 기운을 洩하는 正官인 癸水가 된다. 이
사주는 격의 相神이 없는 사주다.

---

57) "財爲我剋, 使用之物也, 以能生官, 所以爲美, 爲財帛, 爲妻妾, 爲才能, 爲驛馬, 皆才
類也",『子平眞詮評註』권4, 앞의 책, p.6.

	時	日	月	年〈事例 45〉
	甲	丙	癸	癸(칠살격)
	午	辰	亥	亥(수체토화용조, 토불용)

55	45	35	25	15	05
丁	戊	己	庚	辛	壬
巳	午	未	申	酉	戌

임철초 선생님은 다음과 같이 풀이하셨다. 이 命造는 官殺이 旺하여 기본적으로 두려움이 있는 四柱다. 그러나 기쁘게도 時支에 午火가 있어 食神을 生하여 制殺을 하게끔 하고, 時干에 甲木이 透干하여 火를 生하고 水氣運을 洩하니, 旺한 殺이 반은 印星으로 化하였다. 木의 氣運은 衰하나 두 개의 長生을 만나고 이것에 依支하는 나무는 뿌리가 튼튼하다. 上下가 도와주는 情이 있고 업신여기는 것이 없으므로 自手成家하여 財産이 數萬이다.

譯評 이 명조의 용신은 木/火오행이다. 특히 겨울철 丙火日主가 약하므로 火星이 용신이고 木星이 희신이 된다. 이 같이 用/喜神을 정하고 대운을 살펴보니, 三旬大運까지는 태어난 집안이 가난하여 초년고생을 하였지만 四旬大運인 己未大運부터는 好運이 되어 '自手成家'를 이루었을 것이다.

컴퓨터 프로그램으로 計數를 측정할 수 있는 무게중심이론인 '五行體用論'으로 五行指數를 검증해 보면, 水 5.1, 木 3.7, 火 3.0, 土 1.8,

金 0.0으로 '水體土火用組'이나, 土五行은 不用하고 火/木五行이 用/
喜神이 되었다.

　만약 이 命主가 2024년 현재 나이 42세로 己未大運 중, 未대운에
머물러 好運이 되고 있는 命主다.

　『子平眞詮』심효첨의 격국론에서 이 七煞格의 定義를 〈사례5〉, 〈사
례 17〉, 〈사례 18〉, 〈사례 26〉, 〈사례 27〉에서 잘 설명하고 있다.

　다시 심효첨은 取運論에서 七煞格에 印綬를 相神으로 할 경우 대
운이 財運으로 흐르면 불리하다. 傷官運이 아름답고 印綬에 의해 身
旺하면 함께 복이 되는 것이라[58]고 하였다. 이와 같은 이론에 의해서
대운을 살펴보면, 역시 三旬大運까지는 불리하고 다음 四旬大運부터
는 印綬運이 아니라 劫財運으로 格局論의 取運法에는 해당되지 않는
운이다. 이와 같은 格局論과 中和用神論의 차이를 보인다.

	時	日	月	年〈事例 46〉
	丙	乙	庚	甲(상관격)
	子	卯	午	寅(화체수금용조, 불용)

58	48	38	28	18	08
丙	乙	甲	癸	壬	辛
子	亥	戌	酉	申	未

---

58) "煞用印綬, 不利財鄕, 傷官爲美, 印綬身旺, 俱爲福地", 위의 책, p.9.

136　　　　　　　　　　　　　　　축약 적천수천미 용신분석

임철초 선생님은 다음과 같이 풀이하셨다. 日主는 오로지 祿(록)을 깔고 앉아 있고 時支의 子水가 그것을 生하며, 年干의 甲木도 역시 祿旺을 깔고 앉아 있다. 庚金을 用神으로 하려 하니 火가 旺하고 土가 없는 상태에서 火의 地支 위에 있다. 丙火를 用神으로 하려 하니 子水가 旺한 地支를 沖去(충거)하고 있으며, 혹 火를 用神으로 한다 하여도 역시 편안한 運이 못 된다. 그리하여 한 번 망하는 大運이 되니 재물이 한 줌의 재처럼 되었고 乙亥大運에 이르러 水와 木이 함께 오니 마침내 거지가 되고 말았다.

譯評 이 명조는 火勢와 木勢가 大勢이다. 임철초의 중화용신론에 의하면, 그 강한 火氣를 制와 洩하는 五行神을 용신으로 찾아 정해야 한다. 그렇다면 철초 님은 이 명조의 용신을 어떻게 찾아 정했을까?

일단 이 명조의 大勢인 火勢를 制하는 水氣를 찾으니, 時支의 子水와 月干의 庚金이 있어 이것을 용신으로 정하려 하였으나 不用한다고 하였다. 그렇다면, '五行指數法'으로 규명해 보자.

컴퓨터 프로그램으로 計數를 측정할 수 있는 무게중심이론인 '五行體用論'으로 五行指數를 검증해 보면, 火 5.8, 土 0.0, 金 0.5, 水 2.0, 木 4.9로 '火體水金用組'이나, 프로그램에서는 이 水/金五行은 用力이 부족하여 不用하라고 하고, 다시 宗主五行인 火五行을 중심으로 木/火/土五行 중, 火/용신에 土/희신이 된다.

철초 님은 '혹 火를 用神으로 한다 하여도 역시 편안한 運이 못 된다.'고 하시지만 프로그램에서는 火를 용신으로 하라고 한다. 역시 대운이 아름답지 못하다.

만약 이 命主가 2023년 현재 나이 50세로 乙亥大運 중, 乙대운에 머물러 철초 님의 설명에 의하면 乙亥大運에 이르러 水와 木이 함께 오니 마침내 거지가 되고 말았다고 하신다. 아마도 이 명조의 甲戌대 운은 好運이었을 것이다.

『子平眞詮』심효첨의 격국론에 의하면, 午火에 투출한 丙火를 잡아 傷官格으로 보아야 할 것이다. 이 상관격을 잘 定義해 논 명조는 〈사례 11〉, 〈사례 12〉, 〈사례 14〉 중에 〈사례 14〉번이 가장 잘 정리되어 있다.

이와 같이 심효첨도 비록 四凶神인 傷官格이라도 오히려 印綬格보 다 好格이 된다고 하였다. 그러나 이 명조는 격국론에서는 반기는 印 星運인 乙亥大運에 이르러 水와 木이 함께 오니 마침내 거지가 되고 말았다고 한 命主다. 철초 님이 評註하신 『闡微』2권 p188에 '四曰傷 官用傷官'을 두고 사례명조 172-175번 傷官을 용신으로 하는 사례명 조가 나온다.

時	日	月	年〈事例 47〉
壬	乙	己	乙(음건록격)
午	亥	卯	丑(목체금토용조, 금불용)

59	49	39	29	19	09
癸	甲	乙	丙	丁	戊
酉	戌	亥	子	丑	寅

임철초 선생님은 다음과 같이 풀이하셨다. 이 命造는 己土가 재성
이 되고, 丑土에 통근을 하고 있으며, 午火에 祿을 얻었으니, 마치 身
旺하고 財旺한 것 같지만, (그러나) 財星인 己土는 比肩(年干)이 빼앗
아 가져가고, 財星인 丑土도 卯木에 剋破(극파) 당하고 있으며, 食神
인 午火는 亥水가 극을 하고 壬水가 덮고 있어, (일주의 강력한 힘을)
끌어 들여 化하기가 어렵게 되었다. 이른바 上下가 무정하다는 것을
알지 못함이라.

初運에 戊寅/丁丑大運을 만나 財星을 生助하니 조상으로부터 물
려받은 재산이 자못 풍부하였으나, 한번 丙子大運을 만나 午火를 충
하여 가 버리니, 몽땅 망하여 모두 (재산을) 없애 버렸다. 乙亥大運을
만나 처자식을 팔아 버리고 삭발하고 중이 되었으나 엄격한 규율을
지키지 못하고 (파계를 당하여) 굶어서 얼어 죽었다.

이리하여 두 개의 命造를 보면서 上下의 情이 서로 돕(協)는지, 또
는 그렇지 않은지에 의하여 부귀빈천이 마침내 하늘과 땅 차이가 난
다는 것이다. 즉 이와 같은 것으로부터 경험한 것을 증명한 것이다.

譯評 철초 님의 설득력 있는 설명이다. 이 명조는 일주 乙木이
本氣의 계절인 3월에 태어나 강하다는 것을 한눈에 알 수 있다. 이
와 같이 강한 五行神은 증주자인 임철초는 사주 자체에 중화를 이루
기 위하여 극이나 설하는 五行神을 찾아 용신으로 취용한다. 그러므
로 木勢가 강하므로 설하는 火勢를 찾는데, 時支의 午火가 있어 용신
으로 정하고 그 용신을 기준으로 다시 洩과 扶助를 정하여 희신을 구

하는데, 洩작용의 용신을 구한 명조는 다시 洩 작용을 하는 五行神이 희신이 된다.

그래서 火氣를 洩하는 土氣가 희신이 되므로 天干에 己土를 희신으로 하고, 사주 전체를 조명하여 보니 증주자의 설명대로 용신과 희신이 忌神에게 충을 당하고 仇神에게 극을 당하는 상황이 되어 用/喜神이 록녹한 지경에 이르렀다. 대운 역시 三旬大運 子大運에 약한 용신을 子水가 충을 하여 집안이 망하고 乙亥大運을 넘기지 못하고 굶어 얼어 죽은 命主이다.

이와 같이 명조 자체에 忌/仇神이 포진하고 있는 경우 대운이라도 이 忌/仇神을 제거하는 운으로 흘렀다면 이 같은 지경까지는 되지 않았을 것인데, 명조 자체도 깨진 상태에서 대운마저 도와주지 않는 운으로 흐르면 '破家亡身(파가망신)'할 운명이 된다.

컴퓨터 프로그램으로 計數를 측정할 수 있는 무게중심이론인 '五行體用論'으로 五行指數를 검증해 보면, 木 6.3, 火 1.8, 土 1.9, 金 0.2, 水 3.6으로 '木體金土用組'이나, 金五行은 用力이 부족하여 不用하고, 土/火五行을 用/喜神으로 한다. 역시 철초 님과 같은 用/喜神이 나온다.

만약 이 命主가 2024년 현재 나이 40세로 철초 님이 설명하였듯이 '乙亥大運을 만나 처자식을 팔아 버리고 削髮하고 중이 되었으나 嚴格한 規律을 지키지 못하고 (파계를 당하여) 굶어서 얼어 죽었다.'고 한 命主다.

『子平眞詮』다음으로 격국론을 정리한 〈사례 3〉, 〈사례 19〉, 〈사례 21〉, 〈사례 32〉에서 격국을 定義하고 있다.

이와 같이 建祿/月劫格이 되면 그 격을 格用神으로 쓰는 것이 아니라 地支에서 투출된 다른 五行神을 格用神으로 정하고 다시 새로운 相神을 사주체에서 찾는 방법을 취하는 것이 심효첨이 주장하는 建祿/月劫格의 특징이라고 할 수 있다. 또한 祿劫에 財星을 格用神으로 쓸 경우, 食傷을 거느려야 하고, 또 祿劫에 煞을 格用神으로 써서 반드시 祿劫을 制伏해야 한다.

이와 같이 建祿/祿劫格은 일단 강하므로 印/比星을 格用神으로 취용할 수 없다. 결론적으로 심효첨의 격국용신론으로도 취할만한 五行神은 이 명조에서는 임철초가 찾는 중화용신론과 마찬가지로 碌碌 (록록=비실비실)한 용신이 되었다.

時	日	月	年〈事例 48〉
庚	庚	丙	壬(편관격)
辰	午	午	申(화체수금용조)

55	45	35	25	15	05
壬	辛	庚	己	戊	丁
子	亥	戌	酉	申	未

임철초 선생님은 다음과 같이 풀이하셨다. 이 명조는 官殺인 丙火가 비록 강하지만, 壬水의 뿌리 역시 튼튼하고, 일주는 比肩의 도움

을 받고 있으며, 동시에 濕土의 생을 받고 있다. 이른바 일주와 官殺이 대등하여 用神으로 壬水를 써서 制殺을 하니, 天干에서 같은 마음을 가진 것이고, 地支에서 같은 마음을 가진 것은 辰土다. 한번은 制하고 한번은 化하니 가히 有情하다고 할 수 있으며 大運 또한 金水地支로 가니 벼슬길이 혁혁히 나타나 봉강의 자리까지 이르렀다.

譯評 譯評者의 견해는 일단 사주에서 喜用이 한눈에 보이고 그 喜用이 大運으로 흐른다면 好命에 好運이 된다고 볼 수 있다. 午月에 태어난 庚金日主다. 月支와 日支가 午/午가 자리하고 있다. 더하여 地支의 강력한 火勢가 마치 화산이 분출하듯 月干으로 분출하고 있어 이 명조의 大勢를 이루고 있다.

그러나 일간 역시 태어난 시간이 庚辰時이기 때문에 철초 님이 설명하듯 '身殺兩停(신살양정)'이기 때문에 年干의 壬水(食神)를 용신으로 하여 사주체의 균형을 이루려고 한다. 이와 같이 용신을 정하고 나서 용신을 돕는 희신을 찾으니 바로 座下에 申金이 있어 生水作用을 하고 있어 용신 역시 뿌리가 있어 강력한 火勢를 제압할 능력을 갖추고 있다. 이와 같이 사주체에서 用/喜神을 정하고 나서 다시 대운을 살펴보니 대운 역시 金/水大運으로 흐르기에 好命에 好運까지 소유한 命造이다.

컴퓨터 프로그램으로 計數를 측정할 수 있는 무게중심이론인 '五行體用論'으로 五行指數를 검증해 보면, 火 6.9, 土 0.0, 金 4.1, 水 1.7, 木 0.0으로 '火體水金用組'로, 水/金五行이 用/喜神으로 한다. 역시 철초 님과 같은 用/喜神이 나왔다. 또 大運 역시 好運으로 흐르고 있다.

만약 이 命主가 2024년 현재 나이 33세로 己酉大運 酉運에 머물러 잘나가는 중일 것이다.

『子平眞詮』격국론으로는 七煞格이 된다. 이 格의 定義는 〈사례 5〉, 〈사례 17〉, 〈사례 18〉, 〈사례 26〉에 잘 정리되어 있다.

심효첨은 이 七煞格도 여느 他格과 마찬가지로 알맞은 制伏이 되면 오히려 훌륭한 인물이 이 格에서 많이 나온다고 하였다. 다음은 위 명조에서 임철초는 食神을 用神으로 하였으나, 심효첨의 格局論에서는 食神이 相神이 되는 取運論을 살펴보겠다.

偏官格이 運을 취하는 방법은, 偏官으로서 局을 이루었으면 그것을 나누어야 한다. 즉, 煞格에 食神으로 制煞할 경우, '煞重食輕'이면 즉 食神을 돕고, '煞輕食重'이면 즉 煞을 돕고, 煞과 食神이 힘이 均等하고 日主의 뿌리가 약하면 즉 일주를 돕는다. 正官이 混雜된 것을 꺼리고 印綬가 奪食하는 것을 두려워한다[59]고 하였다.

심효첨은 일단 七煞格에는 制煞을 하는 食傷을 가장 우선적으로 取用한다. 때문에 取運論에서도 가장 길게 설명하고 있다. 결론적으로 첫 번째 조건인, '煞重食輕'이면 즉 食神을 도와야 하기 때문에 대운 역시 食傷運 또는 比劫運으로 흘러야 하므로, 대운을 살펴보니 대

---

59) "偏官取運, 卽以偏官所成之局分而配之, 煞用食制, 煞重食輕, 則助食, 煞輕食重, 則助煞, 煞食均而日主根輕, 則助身, 忌正官之混雜, 畏印綬之奪食", 위의 책, p.8.

운 역시 比劫/食傷運인 金/水大運으로 흐르기에 好命에 好運이 된 명조이다.

		時	日	月	年〈事例 49〉
		戊	庚	丙	壬(편관격)
		寅	申	午	午(화체수금용조)
55	45	35	25	15	05
壬	辛	庚	己	戊	丁
子	亥	戌	酉	申	未

임철초 선생님은 다음과 같이 풀이하셨다. 이 命造와 앞 命造를 함께 보면 대동소이하고 日主가 祿旺地(록왕지)에 앉아 있으며, 壬水역시 가까이 붙어 制殺을 하므로 비슷하다고 할 수 있다. (그러나) 어찌하여 앞 命造는 명예와 이익을 모두 얻었고 이 命造는 평생 동안 이룬 것이 없는가?

앞의 命造는 壬水가 申金의 生地를 만나 制殺하는데 권세를 가졌고, 이 命造는 午火 絶地(절지) 위에 있어 官殺을 대적하기에 무력하며, 앞의 命造는 時干의 比劫이 日主를 도우면서 壬水를 생하고, 이 命造는 時上에 偏印이 壬水를 극하여 (日主가) 食神을 生하기가 불가능한 것이다. 이로써 말하기를 좌우가 한마음이 되는 것이 불가능한 것이다.

譯評 이와 같이 중주자는 時干의 戊土가 일주보다 먼저 食神을 剋하기 때문에 일주가 生할 수 없다고 하였지만 필자의 견해로는 時干의 戊土가 日干인 庚金보다 먼저 年干의 食神을 극한다는 것은 譯評者와 같은 일반 명학자들의 안목에는 보이지 않고, 오히려 지지의 좌우가 한마음이 되지 못하여서 일 것이다. 그 이유는 日支의 申金과 時支의 寅木이 충을 하고 있기에 '不同志'가 문제인 듯하다.

역시, 컴퓨터 프로그램으로 計數를 측정할 수 있는 무게중심이론인 '五行體用論'으로 五行指數를 검증해 보면, 火 6.2, 土 1.4, 金 2.9, 水 1.9, 木 1.2로 역시, '火體水金用組'로, 水/金五行이 用/喜神으로 한다. 그러나 이 명조와 위의 명조가 대운은 같으나, 위의 命主는 '仕途顯赫(사도현혁), 位至封疆(위지봉강)'까지 지냈으나, 이 명주는 아마도 평민으로 평생을 보낸 듯하다. 역시 사주의 배열을 살펴야 할 듯하다.

만약 이 命主가 2024년 현재 나이 24세로 戊申大運 申運에 머물러 평범하게 나가는 중일 것이다. 역시 사주는 중요한 것이 배열이라고 생각이 든다.

『子平眞詮』이 명조는, (年)壬申/(月)丙午/(日)庚午/(時)庚辰으로 격국은 49번 명조와 같고 相神 역시 年干의 壬水이나, 이 명조의 壬水는 午火를 坐下하였고, 48번은 申金이 좌하하여 相神의 힘이 비교가 되는 명조다.

時	日	月	年〈事例 50〉
己	丁	甲	壬(식신격)
酉	亥	辰	寅(목체금토용조)

76	66	56	46	36	26	16	06
壬	辛	庚	己	戊	丁	丙	乙
子	亥	戌	酉	申	未	午	巳

임철초 선생님은 다음과 같이 풀이하셨다. 年干의 壬水부터 시작하여, 日支 亥水에서 끝을 맺고 있다. 官星이 印星을 生하고 印星이 日主를 生하므로 食神의 빼어난 氣運을 吐해내니 用神으로 뽑아 쓰고, 財星이 食神 밑에서 덮어 주는 것을 얻었으며 官星은 財星의 生함을 만났다. 비록 傷官이 當令을 하고는 있지만 印綬가 制함이 有情하다. 年과 月이 배반하지 않고, 日과 時가 시기하지 않으므로 시작과 맺음이 자기 자리를 얻어서 귀함은 二品에 이르렀으며 富는 백만을 가졌고 자손들도 모두가 훌륭하였으며 수명은 팔순까지 살았다.

譯評 팔순까지 살아서인지, 대운도 8대운까지 적었다. 용신도 안 보신 명조다. 이 명조는 아래 第二十 「源流」章에 해당할 만한 명조이다. 年干의 壬水부터 시작하여 月干의 甲木을 生하고 그 甲木이 日干의 丁火를 生하고 그 丁火가 時干의 己土를 生하고 그 己土가 時支의 酉金을 生하고 그 時支의 酉金은 日支의 亥水를 生하므로 正官에 座上하고 있다.

축약 적천수천미 용신분석

이와 같이 짜여진 사주체는 '不必用喜神(불필용희신)'이다. 왜냐하면 이 사주체는 마치 구슬을 꿰매어 놓은 듯한 구조로 짜여 졌기 때문이다. 즉, '聯珠無滯(연주무체)'의 형상이라 밖으로부터의 외구인 忌/仇神들의 공격을 충분히 방어하기에 면역력이 강하기 때문이다.

컴퓨터 프로그램으로 計數를 측정할 수 있는 무게중심이론인 '五行體用論'으로 五行指數를 검증해 보면, 木 6.9, 火 1.5, 土 1.0, 金 2.0, 水 3.5로 '木體金土用組'로, 金/土五行이 用/喜神으로 한다. 더하여, 木五行이 宗主五行이므로 이를 洩氣하는 火五行은 + 閑神이 된다.

만약 이 命主가 2024년 현재 나이 63세로 庚戌大運 戌運에 머물러 喜神대운에 머물러 있다. 앞으로 20년은 더 살 命主다.

『子平眞詮』심효첨의 격국론에 의하면, 傷官星인 辰土에 뿌리를 둔 時干의 己土가 투출하여 食神格도 되고 갑목이 투출하여 印綬格도 된다. 食神은 본래 洩氣하는 屬性이 있어 그 능력은 正財를 生하는 것을 즐기는 이유가 된다. 그러므로 '食神生財'는 美格이다. 財星은 반드시 뿌리가 있기를 要하고 正/偏이 중첩되어 투출할 필요는 없다. 만약 일주가 강하고 食神이 旺하면서 財星이 투출하면 大貴格이라[60]고 하였다.

이같이 심효첨의 격국론은 일단 月令을 중심으로 하고 그 투출된 五行神에 의하여 격국을 정하고 격국에 의한 용신을 정한 다음 일간

---

60) "食神本屬洩氣, 以其能生正財, 所以喜之, 故食神生財, 美格也, 財要有根, 不必偏正疊出, 如身强食旺而財透, 大貴之格",『子平眞詮評註』권4, 앞의 책, p.45.

을 살피는데, 임철초의 중화용신론은 일간을 먼저 보고 月令을 살피고, 나머지 6字를 살펴 일주의 강약을 살펴 일주가 강하면 억제하고 약하면 부조하는 방식을 취하는 것이 특징이라고 할 수 있다.

결론적으로 이 명조는 격국론으로는 해결할 수없는 명조이다. 물론 임철초의 중화용신론에서는, 官生印, 印生我, 我生食, 食生財, 財生官하는 명조로 일주의 강약판정을 할 필요가 없다. 결국 두 이론으로는 설명할 수없는 '始其所始(시기소시)하고 終其所終(종기소종)'하면, '富貴福壽(부귀복수)는 永乎無窮(영호무궁)'하다는 원문의 뜻을 적극적으로 따른 철초 님의 看命術(간명술)이다.

時	日	月	年〈事例 51〉
乙	癸	庚	戊(인수격)
卯	亥	申	戌(수체토화용조)

74	64	54	44	34	24	14	04
戊	丁	丙	乙	甲	癸	壬	辛
辰	卯	寅	丑	子	亥	戌	酉

임철초 선생님은 다음과 같이 풀이하셨다. 이 命造는 土生金, 金生水, 水生木하고, 天干 地支가 함께 흐르므로 다만 相生하는 마음만이 있을 다름이며, 질투나 싸움하려는 분위기가 없고, 財星은 戌土 중에 돌아가 있으며, 官星은 맑고 印星도 바름이 분명하다. 食神의 빼어난 氣運은 生을 만났으니, 향방 출신으로 벼슬이 황당까지 이르고, 一妻

二妾에 자손은 열 세 명인데 줄줄이 과거에 붙었고 재산은 백만이나 되었으며 수명은 구순을 넘기었다.

譯評 역평자의 연구논문 중, 任鐵樵 增註『滴天髓闡微』의 成立이라는 節目에서, '임철초의 조상은 名臣출신으로 중류정도의 가산을 가지고 있었을 것으로 추정했다. 또한 아버지가 돌아간 뒤에 명학에 몰두하여 糊口之策(호구지책)을 삼았다고 한 것을 보고 命理學을 배운 연도가 30년이 넘었다고 추정했다.'고 한 결과, 이 정도의 좋은 명조를 수집할 기회는 충분하였을 것이다.

앞의 명조는 丁亥日主가 甲辰月에 태어나고 시간이 己酉時라 日主가 약간 약한 편이라 用神이 月支의 甲木이고 喜神은 年干의 壬水로서 用神格으로 '官印相生格'이다. 그러나 이 명조는 앞의 명조보다 더욱 好格이 되어 각각의 네 기둥마다 天干이 地支에 뿌리를(各立門戶) 두어 有情한 기운이 通根하여 증주자의 설명대로 '無爭妒之風(무쟁투지풍)'이 되어 '富有百萬(부유백만)하고 壽過九旬(수과구순)'이 된 命主이다.

컴퓨터 프로그램으로 計數를 측정할 수 있는 무게중심이론인 '五行體用論'으로 五行指數를 검증해 보면, 水 4.4, 木 3.5, 火 0.2, 土 2.2, 金 4.3으로, '水體土火用組'로, 土/火五行이 用/喜神으로 한다.

만약 이 命主가 2024년 현재 나이 19세로 壬戌大運 또는 79세로 戊辰大運에 머물러 있을 것이다. 옛날사람 나이로는 장수한 命主다. 부러운 팔자다.

『子平眞詮』심효첨의 격국론에 의하면, 申月의 正氣인 庚金이 투출하여 印綬格이다. 印綬格에 관하여서는 〈사례 8〉, 〈사례 9〉번에서 자세히 定義해 놨다.

심효첨은 일단 印綬格하면 우선적으로 官星을 찾는다. 그러면 이 명조에서는 官星은 年柱에 戊戌이 튼튼하게 자리하고 있어 官生印, 印生我하므로 일주가 강하게 되어 있다. 그러나 임철초의 중화용신론에 의하면 관성에는 더 이상 관심을 가질 필요가 없다. 때문에 임철초가 주장하는 중화용신에 의한 용신을 찾아야 하므로 時柱에 乙卯가 同柱하고 있으므로 食神이 용신이 된다. 즉 격국용신으로는 相神이 된다.

다시 取用論에 의하면, 격국론에서 印綬格에 食神을 相神으로 쓸 경우, 다시 일주가 강하고 印星이 旺하여 두려운 것은 太過된 상태이다. (그러므로) 일주의 기운을 洩하는 秀氣를 相神으로 삼는다. 마치 戊戌/乙卯/丙午/己亥인 李壯元의 命이 그렇다. 만약에 '印淺身輕(인천신경)'하고 층층이 食傷星이 있으면 '寒貧之局(빈한지국)'이 된다[61] 고 하였다. 그러나 위의 명조 〈事例 51〉는 身旺하고 태어난 시간이 乙卯時이므로 '身强印旺(신강인왕)'한 경우 食神을 相神으로 써서 好格이 된 命主가 되었다.

---

61) "有印而用傷食者, 身强印旺, 恐其太過, 洩身以爲秀氣", 『子平眞詮評註』「論印綬」권 4, 앞의 책, p.30.

時	日	月	年〈事例 52〉
辛	己	丙	甲(정관격)
未	巳	寅	子(목체금토용조)

80	70	60	50	40	30	20	10
甲	癸	壬	辛	庚	己	戊	丁
戌	酉	申	未	午	巳	辰	卯

임철초 선생님은 다음과 같이 풀이하셨다. 이 命造는 天干이 木生火, 火生土, 土生金을 하고, 地支는 水生木, 木生火, 火生土, 土生金하고, 또 地支로부터 天干을 生하고, 地支를 따라가면 年支의 子水는寅木을 生하는 것을 시작으로 時干의 辛金에 이르러 끝을 맺는다. 따라서 天干을 따르면 역시 年支의 子水가 年上의 甲木을 生하는 것으로부터 시작하여 時干의 辛金에 이르러 끝을 맺는다.

(결론적으로) 마침내 天干 地支가 함께 흐르는 것이므로 바로 시작할 곳에서 시작하고, 맺을 곳에서 맺는다고 이야기할 수 있다. 이리하여 과거에 연달아 합격하고, 벼슬은 품수의 끝까지 이르고, 부부가두루 화목하고, 자손들이 넘치게 번창하고 과거에 끊임없이 붙었으며, 命主의 수명은 구순에 이르렀다.

譯評 더 이상 할 말이 없다. 아마도 이런 명조가 있기는 한 것인지? 아니면 증주자가 조작을 하였는지? 둘 중에 하나인 것은 사실이다. '中和用神論'에서는 '連珠相生格'으로 더 이상 논할 필요가 없는

명조이므로 격국용신만 살펴볼 것이다.

컴퓨터 프로그램으로 計數를 측정할 수 있는 무게중심이론인 '五行體用論'으로 五行指數를 검증해 보면, 木 4.2, 火 3.8, 土 3.4, 金 1.9, 水 1.4로, '木體金土用組'로, 金/土五行이 用/喜神으로 한다. 역시, 木五行이 宗主五行이므로 火五行은 + 閑神運이 된다.

만약 이 命主가 2024년 현재 나이 41세 庚午大運에 머물러 있고 역시, 철초 님은 '夫婦가 두루 和睦하고, 子孫들이 넘치게 繁昌하고 科擧에 끊임없이 붙었으며, 命主의 壽命은 九旬에 이르렀다.'고 하신다. 부러운 팔자다.

『子平眞詮』심효첨의 격국론에 의하면, 正官格이다. 이 격의 정의는 〈사례 15〉번에 자세히 설명되어 있다.

결론적으로 심효첨은 正官格은 우선적으로 財星(相神)과 印星(救神)을 찾는다. 이와 같은 이론에 의하면 이 명조는 우선적으로 年支의 子水인 財星을 相神으로 하여 官星인 甲木을 생하고 그 官星인 甲木은 印星을 生하므로 成格을 이룬 명조이다.

小結 『滴天髓』原文에 의하여, 증주자인 철초 님은, 「通神篇」의 天道·地道·人道를 형이상학적인 명리학 이론에 이어서 知命·理氣·配合의 3장은 실론적인 감명방법을 本書의 중심사상인 中和論에 의한 사례명조를 통하여 설명하였다.

이곳에서는 사주체를 구성하는 天干과 地支를 설명하면서 특히 天

干章에서는 각각 十干의 특성을 진소암의 『명리약언』에 영향을 받아 증주자인 철초 님은 『천미』를 天干·地支·干支總論 3장으로 나누어 설명하였다. 이 장까지 총 9장으로 마무리하였다.

증주자인 철초 님은 이곳에서도 오로지 中和論으로 일관된 설명을 하고 있다. 특히 원본에 충실하게 總論에서는 마지막 三節인 '上下貴 乎情協(상하귀호정협)'과 '左右貴乎同志(좌우귀호동지)'와 '始其所始 (시기소시), 終其所終(종기소종), 富貴壽福(부귀수복), 永乎無窮(영 호무궁)'이라고 하여 天干과 地支의 大尾(대미)로 장을 마친 것이, 치밀하고 꼼꼼하며 古拙(고졸)한 성정을 가진 철초 님의 성정을 볼 수 있다.

7 第十 形象章(제10 형상장)

두 氣가 合이 되어 象이 이루어진 경우 그 象은 깨져서는 안 된다.

時	日	月	年〈事例 53〉
丁	甲	丁	甲(양인격)
卯	午	卯	午(목체화목용조)

54	44	34	24	14	04
癸	壬	辛	庚	己	戊
酉	申	未	午	巳	辰

임철초 선생님은 다음과 같이 풀이하셨다. 이 命造는 木火가 各各 半씩으로 두 가지 氣運으로 象을 이루었으니 빼어난 기운을 가진 傷官 丁火를 用神으로 하고 四柱에 金水가 모두 없으므로 순수함이 보기 좋다. 巳大運에 丁火가 官에 임하여 남궁에서 치르는 과거에 급제하여 이름이 翰苑(한원)에 높이 날리는 관리가 되었으나, 庚大運에 官殺이 混局을 이루어 知縣(지현)으로 밀려났다. 무릇 南方에서의 金(庚午)이라 오히려 힘쓰기가 부족하여 이러하지만 장차 西方의 水(壬申)運을 만나면 허물이 없을 것이라고 이야기하기에는 어려움이 있다.

譯評 이 명조는 甲午/丁卯로만 이루어진 명조이다. '兩氣形象格'으로 이루어졌다. 이와 같이 木生火의 구조로 이루어졌다면 그 기운을 따르는 대운으로 흘러야만이 好命이 된다. 즉 木火를 중심으로 빼어난 기운이 발산하는 土氣運(戌/未土 閑神)은 가능하지만, 주된 기운인 木氣運을 극하는 金氣運은 仇神이 되고 火氣運을 극하는 水氣運은 忌神이 된다.

결론적으로 이 명조의 주인은 二旬大運 인 己巳大運까지는 이름을 翰苑에 높이 올렸으나, 三旬大運인 庚大運에 벌써 仇神인 庚金이 활동하기 시작하여 관록이 知縣으로 물러나서 자기 사주가 궁금하여 철초 님을 찾은 듯하다.

大運上으로 午大運은 잠시 好運이었다가 다시 四旬大運인 辛大運에 어려움이 있을 것이고 未大運은 火氣를 품은 土氣運이라 오히려 閑神이 喜神 역할을 할 것이나, 五旬大運부터는 미래를 걱정하는 모습이 감명자를 바로 옆에 두고 사주풀이를 해 주는 듯이 현장감 있는 모습이 상상된다. 이 명조는 '兩氣形象格'이다.

컴퓨터 프로그램으로 計數를 측정할 수 있는 무게중심이론인 '五行體用論'으로 五行指數를 검증해 보면, 月支를 장악한, 木 7.4, 火 5.7, 土 0.0, 金 0.0, 水 0.0으로, 프로그램에서는 '得氣格'으로, '木體金土用造'에 金/土를 用/喜神으로 하려하나 不在不用하고, 종주오행인 木오행을 중심으로 水/木/火 오행 중 火/木 오행을 用/喜神으로 하는 사주다.

만약 이 命主가 2024년 현재 나이 11세 戊辰大運에 머물러 財星運

이지만 오히려 이 土運은 무난하게 지나갈 것이다. 하지만 철초 님은 '장차 西方의 水(壬申)運을 만나면 허물이 없을 것이라고 이야기하기에는 어려움이 있을 것이라고' 불안해하신다.

『子平眞詮』 격국론을 주창한 심효첨은 이 '兩氣形象格'에 관하여 언급한 바가 없다. 때문에 일반격으로 논해야만 한다. 日干이 陽干이고 旺節에 태어났으므로 陽刃格이다. 이 격의 定義는 〈사례 1〉, 〈사례 30〉, 〈사례 39〉번에 자세히 설명하고 있다.

즉 天干 중에 五陽日主을 중심으로 각 계절의 旺節(子/午/卯/酉)에 태어나면 일주가 지나치게 강해지기 때문에 이 강해지게 해준 子/午/卯/酉의 正氣를 억제하는 七煞을 相神으로 취하는 것을 반긴다. 이와 같은 이론에 의하면 이 명조는 사주 자체에 그 刃을 制伏시키는 官煞神은 없고, 오히려 대운으로 七煞運이 오는 운에 불행하게 된 명조이다.

時	日	月	年〈事例 54〉
乙	丁	乙	丁(염상격)
巳	卯	巳	卯(화체목화용조)

54	44	34	24	14	04
己	庚	辛	壬	癸	甲
亥	子	丑	寅	卯	辰

임철초 선생님은 다음과 같이 풀이하셨다. 이 命造 역시 木·火의 氣運이 各各 半씩으로 이루어진 格이나 앞 命造의 傷官을 쓰는 四柱와는 비교가 되지 않는다. 日主인 丁火는 夏月令을 長生地에 태어나고, 木이 火의 勢力에 從을 하니 '炎上格'으로 格을 이루고 더욱이 金運을 만나는 것은 마땅치가 않다. 火가 木의 生助를 받으니 절강성의 巡撫(순무)를 하던 중 辛大運에 水의 年을 만나 木·火가 모두 상처를 받아서 화를 면하기가 어려웠다. 바로 말하여 '二人同心'이 되었을 때는 順함은 옳고, 逆함은 옳지 않다.

譯評 이 명조도 丁卯/乙巳로만 이루어졌다. 명조를 살펴보면 丁火日干에 火勢가 漸增(점증)하는 巳月에 태어나 强旺한 처지가 되었다. 같은 木/火氣運으로 이루어졌지만 앞의 명조는 木日主에, 木氣를 중심으로 火勢가 강하여 '木生火' 작용에 의하여 강한 木氣를 發洩하는 火氣運이 秀氣로 化하였다. 그러나 같은 木/火氣運으로 이루어졌어도 이 명조는 丁火日主로 旺節인 巳月에 태어나 일간은 强旺한데 더하여 일주의 火氣를 돕는 木氣의 차이는 있지만 陰木(乙/卯)도 火氣를 돕는 것은 마찬가지다.

결론적으로 이 명조는 木生火로 '二人同心'을 이루어, 일주를 중심으로 火勢가 뭉쳐있으므로 '炎上格'이라는 특수격의 명칭으로 바뀌었다. 이 명조 역시 火오행이 用神이며 喜神은 木오행이 되고 閑神은 土神이 된다.

컴퓨터 프로그램으로 計數를 측정할 수 있는 무게중심이론인 '五行

體用論'으로 五行指數를 검증해 보면, 역시 月支를 장악한, 火 6.3, 土 0.0, 金 1.3, 水 0.0, 木 5.7로, 프로그램에서는 '得氣格'으로, '火體木火用組'로, 火/木五行이 用/喜神으로 한다.

만약 이 命主가 2024년 현재 나이 38세 辛丑大運에 철초 님이 설명하셨듯이 '火가 木의 生助를 받아야 하는데, 辛大運에 절강성의 巡撫를 하던 중, 水年을 만나 木·火가 모두 상처를 받아서 禍를 면하기가 어려웠다.'고 하신다. 지당하신 말씀이다.

『子平眞詮』다음은 격국론을 주장하는 심효첨도 중화론을 주장하는 철초 님과 같이 송대에 출현한『淵海子平』의 이론인 炎上格을 인정한다. 이와 같은 '炎上格'은 심효첨은 어떻게 처리하였을까? 바로 '雜格'으로 취급하여 從旺格으로 분류하였다. 從旺格이란 임철초도 인정한 旺한 氣運을 따른다고 하여 五格[62]이 있다.

이와 같이 심효첨의 格局論 論雜格장에 의하면, 五行이 一方으로 되면 秀氣를 취하여 (格이 될 수) 있다. (예를 들어) 甲/乙日主가 亥/卯/未, 寅/卯/辰으로 全備되었고 또 春月에 태어난 甲/乙日主는 본래 劫財와 한 종류이다. 각각의 오행의 기운이 전체를 얻고 있다면 成格이 되므로 印綬가 투출하면 사주체가 순수해 진다. 마치 癸亥/乙卯/乙未/壬午로 吳相公의 命이 그렇다. 운 역시 印綬와 比劫의 대운을

---

62) '炎上格', '曲直格', '從革格', '潤下格', '稼穡格'.

반긴다. 財星과 食傷運도 吉하고 官煞運만 꺼린다[63]고 하여, 이 명조
〈事例 54〉에서처럼 印星이 투출된 것을 기뻐한다고 하였다.

```
        時      日      月      年〈事例 55〉
        戊      丙      戊      丙(식신격)
        戊      午      戊      午(토체목수용조, 불용)
   58      48      38      28      18      08
   甲      癸      壬      辛      庚      己
   辰      卯      寅      丑      子      亥
```

　임철초 선생님은 다음과 같이 풀이하셨다. 이 命造는 火·土가 各各
반씩으로 두 氣運이 象을 이루었으며, 戊土가 食神으로 빼어난 氣運
을 가졌으니 用神으로 취한다. 辛丑大運에 濕土가 火氣運을 눌러서
빼어난 氣運을 유행시키니, 향방에 올랐다. 壬大運 壬年에 會試(회
시)를 보러가다 도성 안에서 죽으니, 水氣運이 丙火를 덮어 격렬해지
므로 火氣運이 꺼져버린 것이다. 만약에 두 개의 戊土를 두 개의 辰
土로 바꾼다면 조열함에 이르지도 않고 비록 水運을 만나더라도 역
시 큰 흉까지는 다다르지는 않았을 것이다.

---

63) "有取五行一方秀氣者, 取甲乙全亥卯未寅卯辰, 又生春月之類, 本是一派劫財, 以五
　　行各得氣全體, 所以成格, 喜印露而體純, 如癸亥/乙卯/乙未/壬午, 吳相公是也, 運
　　亦喜印綬比劫之鄕, 財食亦吉, 官煞則忌矣",『子平眞詮評註』권5, 앞의 책, p.55.

譯評 이 명조는 丙午/戊戌로만 이루어진 사주이다. 일주가 丙火로 月柱가 戊戌, 時柱가 戊戌로 이루어졌으며, 地支로 午戌/午戌 火局을 이루어 丙午日主의 火勢를 도와 日干인 丙火가 强旺해졌다. 때문에 강력한 火氣運을 배설하는 月干과 時干의 戊土가 用神이 된다. 이와 같이 用神이 戊土로 정해지면 喜神은 金氣運이 되고 특히 忌神으로는 旺한 火勢를 拒逆하는 水氣運이 된다.

때문에 중주자의 설명대로 月支와 時支의 火庫인 戊土가 水庫인 辰土로만 바뀌었다면 四旬大運인 壬大運도 무사히 넘겼을 것이다. 이 명조를 月柱의 戊戌과 時柱의 戊戌을 火化되었다고 看命할 것이다. 그렇다면 섣부른 壬水大運은 철초 님이 설명하셨듯이 '水氣運이 丙火를 덮어 격렬해지므로 火氣運이 꺼져 버린 것이다.'라고 하셨지만, 오히려 壬水가 들어와 戊土에게 廻剋(회극)을 당해 길거리에서 죽은 命主로, '衰者沖旺旺者發(쇠자충왕왕자발)'이 된 命造가 된다.

컴퓨터 프로그램으로 計數를 측정할 수 있는 무게중심이론인 '五行體用論'으로 五行指數를 검증해 보면, 역시, 火 5.4, 土 6.7, 金 1.9, 水 0.0, 木 0.0으로, 프로그램에서는 '土體木水用組'에, 木/水五行이 不在 不用하고, 宗主五行인 土五行을 중심으로 火/土/金五行 중, 土/火五行이 用/喜神이 되는 命主다.

만약 이 命主가 2024년 현재 나이 59세로 이미 이 세상에 없는 사람일 것이다.

『子平眞詮』심효첨의 격국론에 의하면, 食神格이다. 이 격의 定義

는 〈사례 2〉, 〈사례 7〉, 〈사례 23〉번에 잘 설명되어 있다.

이와 같은 이론에 의하여 格用神을 보조하는 相神을 정하는 取運論에서도 역시, 일주인 丙火는 강하고 그 강한 기운을 배설하는 食神으로 局을 이루면 나누어 적당히 배합해야 한다. 즉, '食神生財'가 되는 경우, 財星이 重하고 食神이 輕하면, 대운이 財食運으로 흘러야 하며, 재성과 식신이 많으면, 일주를 돕는 대운을 반기고, 官煞運으로 흐르면 함께 불미함을 갖출 것이라[64]고 하였다.

격국론에서는 食神格은 四吉神 중에 하나이므로 그 격을 거스르면 불미하기 때문에 대운의 흐름은 食/財/印運으로 흐르는 것을 기뻐하고, 반대로 格局用神을 거역하는 대운으로 흐르면 불미하다고 심효첨은 주장하고 있다. 이와 같은 이론에 의하면 이 명조 역시 대운에서 불미스런 官煞運을 만나서 禍를 면하지 못한 운명이 되었다.

時	日	月	年 〈事例 56〉
辛	戊	辛	戊(상관격)
酉	戊	酉	戊(금체화목용조, 불용)

52	42	32	22	12	02
丁	丙	乙	甲	癸	壬
卯	寅	丑	子	亥	戌

---

[64] "食神取運, 卽以食神所成之局, 分而配之, 食神生財, 財重食輕, 則行財食, 財食重則喜幫身, 官煞之方, 俱爲不美", 위의 책, p.51.

임철초 선생님은 다음과 같이 풀이하셨다. 이 命造도 土와 金이 각각 반씩으로 두 기운으로 이루어진 象이니, 傷官인 辛金을 用神으로 취하는데 기쁜 것은 운로가 北方의 水大運이라 빼어난 氣運이 유행하여 어려서 과거에 급제하고 벼슬은 황당까지 이르렀다. 그러나 丙火大運을 거치면서 用神인 辛金을 깨뜨리니 벼슬길에서 물러났다.

이른바 '兩氣成象者'란 日主가 가서 혹 食神이나 傷官을 生하여서 말하자면 화려하고 빼어난 氣運을 발산시키면 富貴에 다다름이 많으나, 그것이 부족하여 운에서 파국을 당하면 화를 면할 수가 없다. 만약에 예를 들어 金·水나 水·木의 '印綬格'이 빼어난 기운을 취할 수 없으니 부귀를 논할 수 없는 것으로 이것은 여러 번 시험하여 본 경험이다.

譯評 중주자의 견해는 '印綬格'과 '食/傷格'의 차이에 관해 설명하고 있다. 여기서 격이란 용신을 중심으로 취하는 것으로 印綬格은 일주를 중심으로 도와주는 五行神이 강한 경우 金生水, 水生木의 상태로 水와 木이 각각 일주가 되므로 기운이 일주에 몰리는 경우이며, 食/傷格은 사주 자체에 일주의 기운이 강하여 그 기운을 洩氣하는 五行神을 食/傷星을 용신으로 취용하기 때문에 '印綬格'과 '食/傷格', 또는 '財/官格'으로 하여 임철초는 用神格으로 칭하고 있다.

결론적으로 이 명조는 戊戌/辛酉, 戊戌/辛酉, 두 기운으로 형성되어 강한 일주인 戊土의 기운을 洩氣하는 金氣가 用神이고, 다시 그 기운을 설기하는 水氣運이 喜神이 된다. 이와 같이 用/喜神이 결정

되면 용신인 金氣運을 剋하는 火氣가 忌神이 되고, 仇神은 喜神을 剋하는 土氣運이고 나머지 木氣運은 閑神으로 강한 土氣運으로 剋하기 때문에 플러스 閑神이 된다. 이와 같은 논거에 의하여 五旬大運에 忌神인 丙火가 들어와 喜神인 辛金을 合去하였기 때문이다.

컴퓨터 프로그램으로 計數를 측정할 수 있는 무게중심이론인 '五行體用論'으로 五行指數를 검증해 보면, 역시, 金 8.4, 水 0.0, 木 0.0, 火 0.5土, 4.6으로, 특수격인 '得氣格'으로 '金體金土用造'가 되었다.

만약 이 命主가 2024년 현재 나이 7세로 壬戌大運에 머물러 유복한 어린 생활을 하고 있을 것이다. 그러나 철초 님의 설명과 같이 '丙火大運을 거치면서 用神인 辛金을 羈絆(기반 = 묶어 놓다)이 되어 벼슬 길에서 물러났다.'는 설명을 인정한다.

『子平眞詮』심효첨의 격국용신론으로는, 傷官格이다. 이 格의 定義는 〈사례 11〉, 〈사례 12〉, 〈사례 14〉번에 자세히 설명하고 있다.

심효첨도 비록 四凶神인 傷官格이라도 오히려 印綬格보다 好格이 된다고 하였다. 물론 이 같은 호격의 조건은 사주 자체가 身强함과 동시에 傷官 역시 뿌리가 강함과 동시에 傷官을 극하는 印綬가 투출하든지, 또는 正/偏官이 혼잡 투출되어 상관과 爭鬪(쟁투)를 하는 경우 破格이 되어 오히려 凶格으로 변한다.

時	日	月	年〈事例 57〉
癸	戊	癸	戊(재격)
亥	戌	亥	戌(수체토화용조)

52	42	32	22	12	02
己	戊	丁	丙	乙	甲
巳	辰	卯	寅	丑	子

임철초 선생님은 다음과 같이 풀이하셨다. 이 命造는 水와 土가 각각 반으로 두 氣運이 象을 이루었으며 기쁜 것은 마른 土에 뿌리가 통하고 財命만으로 유일하다. 그러나 기운의 세력은 점점 추워지는데 바로 이러한 때에 丙寅大運에 이르니 차가운 흙이 햇빛을 만나 연달아 科擧에 급제하였다. 더욱 묘한 것은 亥中 甲木이 暗生(암생)하는 것이라 벼슬은 郡守까지 이르렀으며 벼슬길은 平坦(평탄)하였다.

譯評 이 명조는 전체가 戊戌/癸亥, 戊戌/癸亥로만 이루어진 '兩氣成象格' 사주다. 특히 증주자는 앞의 명조들과 다르게 이 명조의 주인인 戊土를 癸亥月에 태어나 水勢가 강하므로 일주를 약하게 보고 가장 우선적으로 일주를 돕는 火氣를 用神으로 잡고, 다음으로 喜神인 火氣를 돕는 木氣를 喜神으로 삼았다. 그런 다음 사주체를 살펴 용신과 희신이 존재하는가에 따라 好命과 不好命으로 분류하는데 이 명조 자체에는 用/喜神이 존재하지 않는다.

때문에 다시 대운으로 시선을 돌려보면, 二旬大運인 甲子/乙丑 대운까지는 어려웠을 것이며 三旬大運부터는 用/喜神 대운으로 흐르기 때문에 '寒土逢陽(한토봉양)'하여 과거에 급제하고 그 이후, 東南方運이기에 '宦途平坦(환도평탄)'한 命運이 되었다. 그렇다면,

컴퓨터 프로그램으로 計數를 측정할 수 있는 무게중심이론인 '五行體用論'으로 五行指數를 검증해 보면, 역시, 水 5.4, 木 1.9, 火 0.5, 土 4.3, 金 1.4로, '水體土火用造'에 土/火오행이 용/희신이 된다.

만약 이 命主가 2024년 현재 나이 6세로 甲子대운 子대운에 머물러 힘든 대운이 될 것이며 21세까지는 힘든 운명이 될 것이며, 22세 대운 丙寅대운부터는 철초 님이 설명하셨듯이 好運이 될 것이다.

『子平眞詮』그럼 격국용신을 주장한 심효첨의 이론에 의하면, 亥月에 癸水가 투출하고 戊土日主 대비 財格이다. 이 격의 定義는 〈사례 6〉, 〈사례 20〉번에 자세히 설명되어 있다. 또한 取運論에서는, 財格으로 局을 取하였으면 (운을 取하는 방법을) 나누어 배합하여야 한다. 그 財星이 旺하면서 官을 生하는 자는 운은 身旺한 印綬運으로 흐르는 것을 반기며, 七煞運과 傷官運은 불리하다[65]고 하였다. 이 명조 〈사례 57〉도 財星이 旺하고 일주도 有根하므로 官/印대운으로 흘러 好命이 된 命主다.

---

65) "財格取運, 卽以財格所取之局, 分而配之, 其財旺生官者, 運喜身旺印綬, 不利七煞傷官," 위의 책, p. 20.

時	日	月	年〈事例 58〉
己	癸	己	癸(칠살격)
未	亥	未	亥(토체목수용조, 목불용)

59	49	39	29	19	09
癸	甲	乙	丙	丁	戊
丑	寅	卯	辰	巳	午

임철초 선생님은 다음과 같이 풀이하셨다. 이 命造는 土와 水가 서로 相剋으로 이루어진 '兩氣成象格'으로 統制 받지 않은 순수한 官殺이 日主에게 損傷을 주고 있다. 初年大運이 火·土運으로 흘러 七殺을 生하는 도움을 주니 바로 '이것이 밝은 달빛과 맑은 바람을 누구와 함께 즐기며' '높은 산에서 흐르는 물소리는 듣는 이가 없다.'고 탄식을 하였다. 한 번 乙卯大運을 만나 運이 東方으로 돌아서면서 制殺하고 化하는 氣運이 생기면서 奇異한 인연을 만나 縣令의 자리에 올랐다.

이것을 본 것으로 말미암아 局이 형성되면 必須的으로 食神이 있어 아름답고, 印綬局에서는 빼어난 氣運이 없으면 아름다움이 부족하다. 財星이 局을 이루면 日主와 財星이 대등한 모양이 되어야 하고, 日主의 본 기운이 다치지 말아야 한다. 그런 연후에 또 運路에서 반드시 편안하고 돈독한 기운을 얻어야 좋으니 이러한 것을 모두 아름답다고 한다. (그러나) 한 번 破局을 만나면 禍가 발생하게 되어 있다.

譯評 이 명조도 역시 癸亥/己卯, 癸亥/己卯로 된 '兩氣成象格'이 되었다. 즉, 己未月에 태어난 癸水日主는 偏官格으로 증주자의 설명대로 伏制가 되지 않는 순수한 煞星이 日主를 공격하고 있다. 더하여 初年大運이 포악한 煞星을 돕는 火/土大運이기에 남들이 알아주지 못하는 세월을 보냈으나, 한번 乙卯/甲寅, 東方大運을 만나면서 食/傷이 왕한 七煞을 '制煞化權(제살화권)'하여 奇異함을 얻어 영화로운 벼슬길에 올랐다고 하였다.

철초 님은 月干에 制伏되지 않은 偏官星을 다행히도 地支에서 亥/未 半合에 의한 새로운 木局으로 食/傷局이 가장 아름답고 하였으며, 더하여 다른 局도 설명하기를 印綬局은 빼어난 기운이 없어서 아름답기에 부족하고 財星局을 이루면 日主와 財星이 均敵할 만해야 하면서 日主 本氣가 損傷받지 않고, 大運 역시 局을 이룬 星을 거역(破局)하면 재앙이 발생한다고 하였다.

컴퓨터 프로그램으로 計數를 측정할 수 있는 무게중심이론인 '五行體用論'으로 五行指數를 검증해 보면, 역시, 土 5.8, 金 0.0, 水 4.4, 木 2.0, 火 1.9로 '土體木水用造'에 겉으로 드러나는 木오행은 不在不用하고, 水/金오행이 用/喜神이 되지만, 木오행은 대운에서 들어오면 지장 간에 있던 木오행은 대운에서 들어오는 木오행에 힘을 실어 줘 '食神制煞(식신제살)'하는 好運으로 흘러 '制殺化權(제살화권), 得奇遇(득기우), 飛升縣슈(비승현령)'이 된 命主다.

만약 이 命主가 2024년 현재 나이 42세로 드디어 乙卯大運에 접어들어 好運이 된 命主다.

『子平眞詮』심효첨의 격국론에 의하면, 未月의 己土가 司令하고 月干으로 투간하여 偏官格이다. 이 格의 定義는 〈사례 5〉, 〈사례 17〉, 〈사례 18〉, 〈사례 26〉에 잘 정리되어 있다.

다음으로 取運論에서 심효첨은 말하기를, 偏官格이 運을 取하는 방법에는 즉, 偏官으로서 이미 局을 이루었다면 나누어서 분배해야 하는 것이다. 格用神으로 煞格이 정해지고 相神을 傷을 쓸 경우 '煞重食輕(살중식경)'인 경우 즉, 食/傷神을 도와야 하며 '煞輕食重(살경식중)'인 경우 즉 煞神을 도와주어야 한다. 煞과 食傷이 均敵되면서 뿌리가 가벼우면 즉, 일주를 도와야 하며, 正官이 혼잡 되면 꺼리고 印綬가 奪食하는 것을 두려워한다[66]고 하여, 비록 四凶神인 偏官格도 相神을 이용하여 化煞을 하여 사용하면 凶格이라고 하여도 好命이 된다는 뜻이다.

이 명조도 偏官格에 地支로 制煞을 하는 亥/未 木局을 이루고 그 木氣를 相神으로 하고 대운 역시 四旬大運부터 東方/木氣運으로 흐르기에 好運이 된 명조이다.

---

66) "偏官取運, 即以偏官所成局分而配之, 煞用食制, 煞重食輕, 則助食, 煞輕食重, 則助煞, 煞食均而日主根輕, 則助身, 忌正官混雜, 畏印綬之奪食", 위의 책, p.8.

時	日	月	年〈事例 59〉
戊	甲	壬	壬(인수격)
辰	子	子	戌(수체토화용조)

62	52	42	32	22	12	02
己	戊	丁	丙	乙	甲	癸
未	午	巳	辰	卯	寅	丑

임철초 선생님은 다음과 같이 풀이하셨다. 이 命造는 水의 勢力이 猖狂한데 유일하게 戊土가 日主를 培養하고 있으며, 그로 인하여 명조의 기둥들을 지탱하는 功이 있어 水가 범람하여도 木(日主)이 뜨지 못하도록 하고 있다. 그리고 戊土 역시 (年支의) 戌土가 있어 의지하고 있는데 그 뿌리가 튼튼하다.

만약에 戌土가 없고 (時支의) 辰土만 있다면 그 辰土는 곧 濕한 土라서 水를 본 즉시 쓸려 내려가니 戊土가 뿌리 내리기가 不可能하며, (비록) 한다고 하여도 虛하므로 뿌리 없는 土가 어찌 많은 水의 根源을 막을 것인가?

그러므로 이 命造에서 소중한 것은 메마른 戌土이다. 단지 (사주 자체가) 추운 계절의 木日主가 햇빛이 없으니, 반드시 필요한 것은 火로써 따듯하게 해 주면 木은 發榮할 수가 있다. 南方의 火가 旺한 大運에 財産을 數萬을 벌고, 남다른 방법으로 名聲을 이루었다.

譯評 대운이 살린 命主다. 이 명조를 전체적으로 조명해 보면 壬

子月에 태어난 甲子日主로 水勢가 太旺하다. 그러므로 이 太旺한 水勢를 막아 日主를 보호하는 時干의 戊土가 用神이 된다. 또한 위 철초 님의 설명과 같이 멀리 떨어져 있는 年支의 戌土에 뿌리를 둔 戊土가 用神이며, 그 戊土를 도와줄 火氣가 喜神이 된다.

그러나 사주 자체에 火氣가 없는 관계로 증주자의 설명대로 大(歲)運에서 東南方으로 흐르는 季節運을 만나 發財도 하고 그 發財에 의한 異路(이로)에서 功名을 이룬 명조이다.

컴퓨터 프로그램으로 計數를 측정할 수 있는 무게중심이론인 '五行體用論'으로 五行指數를 검증해 보면, 역시, 水 8.6, 木 1.6, 火 0.2, 土 3.4, 金 0.5로 '水體土火用造'다. 때문에 이 강한 水勢를 막기 위하여 土를 찾으니 時干의 戊土와 年支의 戌土가 있어 제1용신으로 하고 제2용신으로는 이 土氣를 도와주는 火勢를 기다리는데 중년 이후 南方運에 大發할 火運이 들어와 '發財數萬(발재수만), 名成異路(명성이로)'가 된 命主다. '命好不如運好(명호불여운호)'다.

만약 이 命主가 2024년 현재 나이 44세로 丁巳大運에 접어들어 好運이 되지만, 자세히 살펴보면 丁火는 天干으로 뜬 두 개의 임수가 있어 불리하고 巳火는 두 개의 子水에 의해 불리할 것이다. 다음 대운인 戊午/己未대운은 무난할 것이다.

『子平眞詮』심효첨의 격국용신론에 의하면, 壬子月에 甲木日主 印綬格이 되었으며, 더하여 地支로 子辰水局을 이루어 局까지 印綬局을 이룬 명조이다. 이 格의 定義는 〈사례 8〉, 〈사례 9〉, 〈사례 16〉에 잘 정리되어 있다.

　다시 심효첨은 取用論에서 말하기를, 印綬가 많으면서 財星을 相神으로 하는 자는 '印重身强(인중신강)'하여 財星이 투출하여 (印星을) 억제하는 것이 太過하면 잘 다루어 (財星을) 相神으로 해야 한다. 단지 필요한 것은 뿌리가 깊어서 財星을 파괴하는 방해가 없어야 한다[67]고 하였다. 이 같이 印綬格에서는 일단 강하다는 전제 아래 官星과 財星을 쓰지만 이 명조〈事例 59〉는 격국론으로는 印星이 강하여 日主도 강하고 年支 戌土에 通根한 時干의 戊土 財星을 相神으로 쓰면 될 것이다.

時	日	月	年〈事例 60〉
辛	甲	乙	戊(양인격)
未	辰	卯	寅(목체금토용조)

54	44	34	24	14	04
辛	庚	己	戊	丁	丙
酉	申	未	午	巳	辰

　임철초 선생님은 다음과 같이 풀이하셨다. 이 命造는 地支가 東方의 종류로 이루어지니 刦財(겁재)와 羊刃(양인)이 왕성하여 방자한 기운이 있다. 한 점의 미약한 辛金으로는 이루기가 부족하여 글공부

---

[67] "有印多而用財者, 印重身强, 透財以抑太過, 權而用之, 只要根深, 無妨財破", 위의 책, 같은 권, p.32.

를 계속할 수가 없었으나, 初年大運이 火/土運에 (火生土, 土生金) 生化의 情만큼은 잃지 않아서 재물의 근본은 넉넉함을 유지하다. 庚申/辛酉大運에 辛金이 得地(득지)하여 남다른 방법(異路)으로 성공을 하고, 기부금을 바치고 州牧에까지 이르렀다. 癸運에 金氣를 洩하고 木을 生하는 연유로 불행하게 되었다.

譯評 전형적인 格局論의 陽刃格에 官을 용신으로 하는 사례명조다. 책에는 辛酉大運까지만 있다. 철초 님은 癸運에 불록이 되었다고 한 것은, 大運으로는 壬戌, 癸亥로 八十까지 살았다는 경우이므로 말이 안 되므로 壬戌大運 癸某年이 되어야 맞을 듯하다. '加捐(가연)'이란 기부금인데 옛날이나 현재나 寄附는 사람 사는 곳에서는 항상 따라 다니는가 보다. 일단 이 명조를 크게 조명하여 보면, 戊寅年 乙卯月 甲辰日에 未時까지 되어 木勢가 우위를 점하고 있다. 때문에 증주자는 時干의 正官인 辛金을 용신으로 하고 대운을 기다린 형국이 되었다.

컴퓨터 프로그램으로 計數를 측정할 수 있는 무게중심이론인 '五行體用論'으로 五行指數를 검증해 보면, 역시, 木 7.2, 火 0.0, 土 4.3, 金 1.0, 水 0.3으로 '木體金土用造'로 金/용신에 土/희신이 된다.

만약 이 命主가 2024년 현재 나이 27세로 戊午大運에 접어들어 철초 님이 설명대로, '初年大運이 火/土運에 (火生土, 土生金) 生化의 情만큼은 잃지 않아서 재물의 근본은 넉넉함을 유지하다, 庚申/辛酉大運에 辛金이 得地를 하여 남다른 방법으로 성공을 하였다.'고 한 命主다.

『子平眞詮』심효첨의 격국론으로도 陽刃格에 官을 用神으로 한다
는 이론도 이 명조에서는 임철초와 동일한 이론이 된다. 때문에 심효
첨은 취용론에서 다시 말하기를, '그러나 官煞로 制刃하는 것은 같으
나 격 역시 高低가 있다. 만약에 官煞이 뿌리가 깊게 하고 투출하면
大貴하고 官煞이 암장되든지, 혹은 투출은 하였으나 뿌리가 얕으면
小貴하다.'[68]고 하였다. 그러나 위의 명조〈事例 60〉는 時干으로 투
출한 辛金이 用神이나 根淺하여 地支의 辰/未土의 生助를 받는 불안
한 명조가 되었다.

時	日	月	年〈事例 61〉
乙	甲	乙	癸 (양인격)
亥	戌	卯	未 (목체금토용조, 금불용)

59	49	39	29	19	09
己	庚	辛	壬	癸	甲
酉	戌	亥	子	丑	寅

임철초 선생님은 다음과 같이 풀이하셨다. 이 命造 중에는 未土는
깊이 감추어져 있고 日主는 戌土 위에 앉아 있으니 이른바 財星이 오
니 내가 취해서 아름답지 않을 수가 없다고 하겠다. 그러나 四柱에
木을 완성시키는 金(官星)이 없고 또 五行 중에 木이 行하여야 할 火

---

68) "然同是官煞制刃, 而格亦有高低, 如官煞露而根深, 其貴也大, 官煞藏而不露, 或露
而根淺, 其貴也小", 위의 책, 같은 권, p.32.

(食傷)가 없으며 大運 역시 火運이 없다. 또 다시 더하여 亥時인지라 癸水가 통근하여 刦財를 生하고 亥·卯·未가 모두 있어 刦財의 포악한 性質이 일어나게끔 돕고 있다.

그 歲運을 살펴보아도 이루어진 行運(食/傷運)의 地支가 없으니 祖上으로부터 물려받은 財産을 날려 버리고 마누라는 극하고 자식은 아예 없었다. 이러한 命造로 미루어 보면 命의 소중함은 運에 있는 것으로, 運! 그것을 어찌 소홀히 할 수가 있겠는가? 속된 말로 사람이 구름을 능멸할 정도의 뜻을 가졌더라도 運이 없으면 스스로 달성하기는 불가능하다고 하겠다.

譯評 陽刃格이다. 이 명조의 가장 강한 오행은 木星이다. 더하여 旺地인 卯月에 甲木 일주가 되고, 地支로 戌土를 제외하면 철초 님의 설명대로 亥·卯·未 木局을 이루어 일주와 劫刃(겁인)이 猖狂(창광)한 상태가 되었으므로, 그 猖狂한 기운을 배설하는 五行星을 제일 우선적으로 찾았다.

이와 같이 임철초의 중화용신론에서는 심효첨의 격국용신론과 차이가 나는 것은 前造와 같이 '陽刃格'으로 成格이 된 후에는 극하는 官煞(관살)을 相神으로 하는데, 철초 님은 이 명조는 극하는 官煞이 없어 이를 생하는 土(재성)를 용신으로 잡고 보니, 대운에서 용신을 돕는 火(食傷)大運이 오지 않아 애석하게 된 命主이다.

더하여 심효첨은 "陽刃格에 用神으로 財星을 쓸 경우 格으로서는 아름답지 못하지만 財星이 뿌리가 튼튼하고 食傷의 도움이 있다면

刃이 生財하는 것으로 轉移되어 비록 '建祿月劫格'에 비할 수는 없지만 貴를 취할 수 있고, 역시 富를 취할 수 있다. 그렇지 않으면 刃과 財星이 서로 싸워 局을 이룰 수 없다."[69]고 하면서, 陽刃格으로 成格이 된 명조는 가장 우선적으로 煞로써 制伏시키는 것을 택하고 다음으로 다른 用神을 취하지만 이 또한 成格의 조건은 매우 까다롭다. 그러한 이유로 이 명조도 日支의 戌土가 自坐하고 年支의 未土가 深藏(심장)하므로 심효첨의 격국용신으로는 合格이 되었으나 대운이 食/傷運으로 흐르지 못하여 破格이 된 명조이다.

결론적으로 임철초의 중화론과 심효첨의 격국론의 차이는 예를 들자면 의사가 환자를 진찰하는 방법의 차이가 날 뿐이며 치료하는 방법에서는 유사점을 발견할 수 있다.

컴퓨터 프로그램으로 計數를 측정할 수 있는 무게중심이론인 '五行體用論'으로 五行指數를 검증해 보면, 역시, 木 7.0, 火 0.8, 土 1.8, 金 0.0, 水 2.4로 또 '木體金土用造'이나, 金五行은 不在不用하고, 土五行이 용신이 되고, 火五行은 대운에서 기다리지만 불행하게도, 陰年生 乾命으로 대운이 逆大運으로 흘러 불행한 命主가 되었다.

만약 이 命主가 2024년 현재 나이 24세로 癸丑大運에 접어들어 祖上으로부터 물려받은 財産을 까먹고 있는 중일 것이다.

『子平眞詮』格局論은 譯者(역자)의 설명으로 대신할 것이다.

---

69) "更若陽刃用財, 格所不喜, 然財根深而傷食, 以轉刃生財, 雖不比建祿月劫, 可以取貴, 亦可取富, 不然, 則刃與財相博, 不成局矣", 『子平眞詮評註』권5, 앞의 책, p.35.

時	日	月	年〈事例 62〉
丙	甲	丁	甲(곡직격)
寅	辰	卯	寅(목체수목화순용)

52	42	32	22	12	02
癸	壬	辛	庚	己	戊
酉	申	未	午	巳	辰

임철초 선생님은 다음과 같이 풀이하셨다. 地支로는 오로지 寅卯辰 東方의 한 氣運으로 이루어지니, 化하는 用神은 丙/丁火이다. 꽃이 피어 화려함을 발설하니 소년시절에 과거에 급제하고 일찍이 벼슬길의 빛남을 이루었다. 行運에서 財運으로 갈 때는 먼저 四柱 原局에 食/傷이 있어 化하고 달래는 功이 있었으며, 行運이 金運으로 갈때는 또 丙/丁火의 되돌아서 극(回剋)을 하는 能力이 (있어 무사하였으나), 壬大運을 만나 빼어난 氣運에 상처를 받아 破局을 당하니, 官職에서 물러나 시골로 돌아오는 불행한 일을 당하였다.

譯評 이 명조는 '曲直格'이다. 중주자의 설명대로 東方의 木氣運을 발설하는 丙火가 있어 好命이 된 사주다. 大運 역시 中年大運까지 火運으로 흐르므로 소년 시절에 科甲을 하고 일찍이 벼슬길에 올랐으나. 五旬大運인 壬申大運을 맞이하여 時柱 丙寅과 天剋地沖하므로 食神 丙火를 극하므로, 官職에서 물러나 시골로 돌아오는 불행한 일을 당하였다. 이 명조의 丁火는 강력한 木氣運을 발설하는 꽃봉오리

와 같은 형상이라 아름답다.

앞의 사례명조 61번은 丙/丁火인 食傷이 없어 불행한 명조가 되었으나 이 명조는 다행스럽게도 태어난 시간이 丙寅時이며, 陽年에 태어나 대운이 순행하므로 行運 역시 일주를 돕는 운으로 흘러 四旬大運까지 행복하였으나 불행하게도 五旬大運에 時柱의 용신인 丙火와 寅木을 天剋地沖하므로 歸鄕을 하게 된 命主이다.

컴퓨터 프로그램으로 計數를 측정할 수 있는 무게중심이론인 '五行體用論'으로 五行指數를 검증해 보면, 역시, 木 10.3, 火 2.4, 土 0.0, 金 0.0, 水 0.3으로 특수격인 '重疊方合木局'에, '木體水木火順用'으로 나온다.

만약 이 命主가 2024년 현재 나이 51세로 壬申大運에 접어들어 官職에서 물러나 시골로 돌아오는 불행한 일을 당한 대운이다.

『子平眞詮』심효첨의 격국론으로도 一氣格을 인정하기에 양인격이 一氣로 이루어진 것을 曲直格이나 稼穡格이니 炎上格이니 格名을 붙이지 않고 단지 오행 중에 하나의 기운으로 이루어진 경우 秀氣를 취할 수 있다. (물론 서락오의 평주에는 曲直이니 炎上이니 다섯 가지 격을 설명하고 있다.) (또) 각각의 오행의 기운이 전체를 이루면 成格이 되므로 반기는 것은 印綬가 透出하면 體가 純粹해진다. 大運 역시 印綬나 比劫運으로 흐르는 것을 반긴다. 財星과 食傷 역시 吉하고 官

煞運은 꺼린다[70]고 하였다. 다음으로 食傷을 用神으로 할 경우 大運이 財運으로 흐르기를 바라고 있다[71]고 하여 중화용신론과 같은 取用法을 취하고 있다.

時	日	月	年〈事例 63〉
己	戊	丁	己(재격)
未	子	丑	未(토체목수용조, 목불용)

55	45	35	25	15	05
辛	壬	癸	甲	乙	丙
未	申	酉	戌	亥	子

임철초 선생님은 다음과 같이 풀이하셨다. 費中堂(비중당)의 命造이다. 天干의 戊/己土가 丁火를 만났으며 地支로는 丑/未가 重重한데 子/丑이 合을 하여 土로 化하니, 이것이 眞象의 格을 갖추어 이미 稼穡格(가색격)이 되었다. 바로 不足한 것이 있다면 丑中 辛金을 꺼내 쓸 수 없다는 것이고 또 局中에 丁火가 세 개나 있어 辛金이 暗暗裡에 상처를 받아 生化의 妙를 얻지 못하였다. 그래서 자식을 두기가 어려웠으니 만약 天干으로 庚/辛金 중에 하나든지 地支로 申/酉金 중에 하나만이라도 있었으면 반드시 자식을 많이 두었을 것이다.

---

70) "有取五行一方秀氣者, 以五行各得其全體, 所以成格, 喜印露而體純, 運亦喜印綬比劫之鄉, 財食亦吉, 官煞則忌矣", 『子平眞詮評註』권5, 앞의 책, p. 55.
71) "用食傷則喜行財地", 앞의 책, p. 39.

譯評 세 번째로 저와 정단님의 이론인 '五行體用論'과 차이가 나는 명조다. 철초 님은 '子丑合化土'가 되어 '稼穡格'으로 간명하였으나, 컴퓨터 프로그램으로 五行指數를 검증해 보면, 土 7.1, 金 0.4, 水 4.0, 木 0.4, 火 2.1로, '土體木水用造'에 木오행은 用力이 부족하여 不用하고, 다음 오행인 水오행이 4.0으로 用力이 충분하므로 이를 용신으로 삼고 희신인 금오행은 대운에서 기다리면 된다.

대운을 살펴보니, 乾命 陰年生으로 逆大運으로 흘러 水/金大運으로 역시 대운이 살린 命主다. 이 정도는 되어야 中堂[72] 정도의 벼슬을 지닐 것이다. 철초 님은 男命인데도 食傷을 자식으로 보고 있다. 서락오의『徵義』에는 누구의 명조라고 밝히지 않았다.

만약 이 命主가 2024년 현재 나이 46세로 壬申大運에 접어들어 호운으로 흐르고 있는 중이다.

『子平眞詮』심효첨의 격국론으로는 丑月의 戊土일주는 格을 정할 수 없다. 억지로 잡는다면 丑月은 水氣가 왕한 계절이고 특히 철초 님은 '子丑合化土'라고 하지만 프로그램이 지적하듯이 日支의 子水를 용신으로 한다면 '財格'으로 볼 수 있다. 이 '財格'은 〈사례 6〉, 〈사례 20〉번에 잘 정리되어 있다. 취운론에서는 '財/食이 약하면서 일주가 重하면 거듭하여 大運이 財/食 대운으로 흘러야 한다.[73]'고 하여 이

---

72) 명청(明清) 시대의 내각대학사(內閣大學士)의 다른 이름 ③ 당(唐) 이후 재상의 다른 이름.

73) 財食輕而身重, 則仍行財食,『子平眞詮評註』권4, 앞의 책, p.21.

명조도 역시 일주는 강하고 재성이 약하여 대운이 財/食대운으로 흘러 好運이 된 命主다.

<table>
<tr><td>時</td><td>日</td><td>月</td><td>年〈事例 64〉</td></tr>
<tr><td>乙</td><td>丙</td><td>甲</td><td>丙(염상격)</td></tr>
<tr><td>未</td><td>戌</td><td>午</td><td>寅(화체수금용조, 불용)</td></tr>
</table>

<table>
<tr><td>59</td><td>49</td><td>39</td><td>29</td><td>19</td><td>09</td></tr>
<tr><td>庚</td><td>己</td><td>戊</td><td>丁</td><td>丙</td><td>乙</td></tr>
<tr><td>子</td><td>亥</td><td>戌</td><td>酉</td><td>申</td><td>未</td></tr>
</table>

임철초 선생님은 다음과 같이 풀이하셨다. 地支가 모두 火局이므로 木이 火의 勢力을 따르니 炎上格을 이루었으나 애석하게도 旺한 木이 土를 극하여 빼어난 氣運이 상처를 받아 학문으로 이루기는 어려워서 武官으로 나가서 벼슬은 副將까지 이르렀다. 申·酉大運을 지나면서 역시 戌未의 化하는 氣運이 있으므로 허물은 없었으며 亥大運도 다행히 寅木과 會合을 이루어 降職(강직)에 불과한 정도였다. 庚子大運을 만나 天干에 食傷은 없고 地支로 충격을 받아 軍中에서 죽었다.

譯評 地支로 寅/午火局을 이루고 戌/未土는 火氣를 암장하고 있는 乾土인지라 天干의 甲/乙木은 木焚(목분)이 되어 炎上格이 되었다. 이와 같은 사주는 강한 旺神을 약한 五行이 들어와 沖을 하면 도

리어 旺神이 화를 내어 破格이 되어 敗亡하게 된다. '衰神沖旺旺神發
(쇠신충왕왕자발)'이 된다. 때문에 이 사주는 가장 강한 旺神인 火氣
運을 극하는 水大運이 들어오면 剋發(극발)이 되어 망하게 되어 있
다.

컴퓨터 프로그램으로 五行指數를 검증해 보면, 火 9.0, 土 1.2, 金
0.9, 水 0.0, 木 1.5로, '火體水金用造'이나, 水/金五行은 用力이 不足
하여 不用하고, 宗主五行인 火五行을 중심으로 木/火/土五行 중, 火/
木五行이 用/喜神이 된다. 결국 '炎上格'이 되었다. 대운 역시 철초 님
이 설명하였듯이 하나하나 들어오는 오행과 본체에 있는 오행과 相
生/相剋과 合/化作用을 자세히 살펴야 할 것이다.

만약 이 命主가 2024년 현재 나이 39세로 丁酉大運 酉大運에 머물
고 있다. 대운설명은 철초 님이 잘해 주셨다.

『子平眞詮』심효첨의 격국론으로 간명을 하면 陽刃格이 되지만 사
주 전체의 기운이 日干과 月令과 같은 기운이므로 '陽刃格變一氣格
(양인격변일기격)'이 되었다.[74] 때문에 一氣格은 각각의 오행의 기운
이 전체를 이루면 成格이 되므로 반기는 것은 印綬가 透出하면 體가
純粹해진다. 大運 역시 印綬나 比劫運으로 흐르는 것을 반긴다. 財星
과 食傷 역시 吉하고 오히려 官煞運은 꺼린다[75]고 하였다.

---

74) 이 이론은 譯評者의 견해이다.
75) "有取五行一方秀氣者, 以五行各得其全體, 所以成格, 喜印露而體純, 運亦喜印綬比
劫之鄕, 財食亦吉, 官煞則忌矣",『子平眞詮評註』권5, 앞의 책, p.55.

이 같은 이론에 의하면 이 명조도 天干으로 丙火日主에 甲/乙木 印
綬가 투출하여 體가 純粹해졌으며, 또 行運論에서 官殺을 만나는 것
을 꺼린다고 하였는데 六旬大運인 庚子大運에서 財官이 함께 들어와
軍中에서 사망하게 되었다. 결론적으로 임철초와 심효첨의 一氣格은
이론상 일치를 보인다.

時	日	月	年〈事例 65〉
庚	庚	乙	庚(종혁격)
辰	戌	酉	申(금화기격)

51	41	31	21	11	01
辛	庚	己	戊	丁	丙
卯	寅	丑	子	亥	戌

임철초 선생님은 다음과 같이 풀이하셨다. 이 命造는 天干에서
乙・庚 合化를 하고 地支에서는 申・酉・戌이 모두 있어 從革格을 이루
었다. 애석한 것은 水氣運이 없어 '肅殺之氣(숙살지기)'의 氣運이 너
무도 銳利(예리)하니 글공부하는 것에 不利할 뿐만 아니라 이 또한
아름답게 終命(종명)할 수는 없을 것이다. 行伍(항오) 出身으로 官
職이 參將까지 이르렀으나 한번 寅大運을 만나 陣中(진중)에서 죽
었다. 이 모두는 局 중에 食傷이 없기 때문이고 또한 寅・戌이 暗暗裡
(암암리)에 합을 하여 旺한 神을 건드렸기 때문이다.

譯評 중주자의 현실감 나는 설명에 毛孔(모공)이 서늘함을 느낀다. 철초 님은 一氣格을 이루었으면 사주 자체에 食/傷이 있기를 바라고 대운 역시 食/傷이나 財星운으로 흐르기를 바라고 심효첨은 一氣格이 이루어지면 사주체에 印綬가 투출하기를 바라고 대운 역시 比/劫과 食/傷운으로 흐르기를 바란다.

두 사람의 견해 차이는 철초 님은 이미 一氣格으로 이루어졌으면 사주 자체에 印星보다는 食/傷이 존재하기를 바라고 대운 역시 食傷運으로 흐르기를 바란다. 심효첨 역시 대운에서는 官煞運만 제외하고는 철초 님과 같은 이론을 가지고 있다. 컴퓨터 프로그램으로 검증할 指數法則도 從格을 인정하므로 더 이상 논할 필요가 없는 命造다.

만약 이 命主가 2024년 현재 나이 45세로 庚寅大運 아직 庚大運에 머물고 있으나 역시 地支에 寅木이 있어 暗暗裡에 合을 하여 旺한 神을 건드렸기에 陣中에서 죽은 命主다.

『子平眞詮』심효첨의 격국론으로도 一氣格을 인정하기에 생략할 것이다.

時	日	月	年〈事例 66〉
壬	癸	辛	壬(윤하격)
子	丑	亥	子(중첩방합수국)

56	46	36	26	16	06
丁	丙	乙	甲	癸	壬
巳	辰	卯	寅	丑	子

임철초 선생님은 다음과 같이 풀이하셨다. 地支로 '亥·子·丑'이며, '壬·癸·辛'이 透干하여 潤下格을 이루었으며 반가운 것은 行運이 등을 돌리지 않으므로 글공부를 일찍 이루었고, 甲寅大運 빼어난 기운의 유통으로 과거에 급제하였다. 乙卯大運까지 벼슬길이 平坦하여 縣令부터 시작하여 州牧까지 올랐으나, 丙大運에 原局에 화하여 줄 食/傷星이 없어 '群刦爭財(군겁쟁재)'가 일어나는 결과로 불행하게 되었다.

譯評 潤下格이다. 철초 님은 또 사주 자체에 食/傷이 없는 것을 안타까워하고 있다. 時干이나 月干에 甲木이 하나만 투출하였어도 丙大運을 넘겼을 것이다. 그러나 丁巳大運에 巳大運은 巳/亥沖이 일어나 終命運이 될 것이다. 사주 자체가 이와 같이 강하게 되면 우선적으로 洩氣작용은 절대적으로 반기지만 다른 작용은 자세히 살펴야만이 幸/不幸을 알 수 있다. 컴퓨터 프로그램으로 검증할 指數法則도 從格을 인정하므로 더 이상 논할 필요가 없는 命造다.

만약 이 命主가 2024년 현재 나이 53세로 丙辰大運으로 이미 이 세상 사람이 아닐 것이다.

『子平眞詮』 심효첨 역시 대운에서는 官煞運만 제외하고는 철초 님과 같은 이론을 가지고 있다. 하지만 이 명조는 원국에 食/傷星이 없어 '群比爭財(군비쟁재)'가 일어나 不祿(불록)이 된 命主다.

축약 적천수천미 용신분석

時	日	月	年〈事例 67〉
甲	丁	丙	戊 (정인격)
辰	卯	辰	申 (목체금토용조)

53	43	33	23	13	03
壬	辛	庚	己	戊	丁
戌	酉	申	未	午	巳

임철초 선생님은 다음과 같이 풀이하셨다. 丁卯 日主가 늦은 봄에 태어나고 傷官이 財星을 生하나 꺼리는 것은 木이 盛하니 土가 虛하여졌으므로 글공부를 이루기가 어려웠다. 傷官인 土가 刦財를 化하여 丙火가 爭財하려는 마음을 없게 하는 까닭에 그리하여 庚申/辛酉 大運에 이르러 先人의 비록 작은 사업을 이어서 스스로 創業한 규모가 자못 커졌으며 財運이 發하여 十餘萬을 벌어들였다.

譯評 三月의 丁火日主가 약한 듯 보이지만 自坐에 卯木과 時干의 甲木과 月干의 丙火가 있어 '弱變爲強(약변위강)'이 된 명조이다. 이와 같은 결론으로 三旬大運인 己未大運까지는 先人之事業(선인지사업)이 微微하였을 것이고, 四旬大運인 庚申大運에 財星運으로 흐르기 시작하면서 發財하였을 것이다.

컴퓨터 프로그램으로 五行指數를 검증해 보면, 木 5.8, 火 1.3, 土 4.2, 金 2.1, 水 0.8로, '木體金土用造'로, 金五行이 用神이고, 土五行이 喜神이 되며, 木五行이 宗主五行이므로 火五行은 + 閑神으로 '使

丙火無爭財之(사병화무쟁재지)'로 '承先人之事業微微(승선인지사업
미미)'하였으나 용신대운인 4旬大運인 '庚申辛酉'大運부터 '自刱之規
模頗大(자창지규모파대), 財發十餘萬(발재십여만)'이 된 命主다. 역
시 사주는 운을 피할 수 없다는 것이 증명시키는 命主다.

만약 이 命主가 2024년 현재 나이 57세로 壬戌大運으로 거의 운이
끝나는 때가 되었다.

『子平眞詮』심효첨의 격국론에 의하면 辰月에 태어나 傷官格일 수
도 있지만 天干으로 투출한 甲木이 있어 印綬格이다. 이 印綬格 의
정의는 〈사례 8〉, 〈사례 9〉번에 자세히 설명하고 있다. 다시 取運論
에서는 印綬格에 傷/食을 쓰면 財運 역시 반대로 길하고 傷/食운도
길하다[76]고 하였다.

	時	日	月	年〈事例 68〉
	丁	丙	辛	己(상관격)
	酉	午	未	巳(화체수금용조, 금용신)

63	53	43	33	23	13	03
甲	乙	丙	丁	戊	己	庚
子	丑	寅	卯	辰	巳	午

임철초 선생님은 다음과 같이 풀이하셨다. 이 命造는 긴긴 여름철

---

76) 印綬而用傷食, 財運反吉, 傷食亦利,『子平眞詮評註』권4, 앞의 책, p. 38.

에 태어난 丙火日主이고 地支로는 (巳·午·未) 南方이 되어 旺한 것이 極에 다다랐다. 火/土 '傷官生財格(상관생재격)'으로 格이 싫어하는 것은 丁火 羊刃이 天干에 透出하고 四柱 原局이 습기가 하나도 없으며 刦財와 羊刃이 계절을 얻어 방자함이 이를 데가 없다. 祖業은 지키지도 못하고 부모님은 일찍 여의고 어려서 고아가 되어 中年까지 춥고 배고픔을 겪었다.

六旬以前까지 運이 東南 木/火大運이라 妻, 財産, 자식, 祿(벼슬) 중에 하나도 이룬 것이 없었다. 丑運 北方의 濕土運에 이르러 火氣를 누르고 金을 生하며 暗暗裡에 金局을 이루었으니 이 운을 따라 사업을 시작하여 재산을 발하는 기회를 잡았다.

七旬에 이르러 마누라를 사서 자식을 연달아 두 명씩이나 낳았으며 甲子/癸亥大運까지 北方의 水大運이라 數萬의 이익을 얻었다. 수명은 九旬까지 살았으니 속된 말로 운이 있으면 그 복은 반드시 얻을 것이니 사람이 어찌 그 양을 알겠는가?(귀신만이 알 것이다.)

譯評 참으로 질긴 운명이다. 六旬 中半까지 살아 온 것만 해도 다행이라고 할 수 있겠다. 壽命도 九旬까지 살고 마누라도 사서 자식도 낳으니 '命好不如運好(명호불여운호)'라고 할 만한 운명이다. 天干으로 丙辛合이 될 것 같지만 年干의 濕土인 己土의 生을 받아 '合而不化(합이불화)'가 되었다.

컴퓨터 프로그램으로 五行指數를 검증해 보면, 火 5.5, 土 4.9, 金 2.8, 水 0.0, 木 0.4로, '火體水金用造'로, 水五行은 不在不用하고, 金

五行이 用神이 되고 이를 생하는 濕土가 喜神이 되었다.

　만약 이 命主가 2024년 현재 나이 36세로 丁卯大運으로 춥고 배고
픔을 겪고 있는 시절을 보내고 있을 것이다.

　『子平眞詮』심효첨의 격국론은 傷官格으로 이 격의 정의는 〈사례
11〉, 〈사례 12〉번에 잘 정리되어 있다. 다시 取運論에서는, 傷官格에
財星을 쓸 경우, '財旺身輕(재왕신경)'할 경우 印/比運이 이롭고, '身
強煞淺(신강살천)'하면 財運을 반기고 傷官運 역시 괜찮다[77]고 하여
이 명조도 時支에 있는 酉金인 正財를 用神으로 하여 억부론과 합치
하는 경우가 되었다.

	時	日	月	年〈事例 69〉	
	甲	庚	庚	丁(정관격)	
	申	子	戌	丑(금체화목용조)	
57	47	37	27	17	07
甲	乙	丙	丁	戊	己
辰	巳	午	未	申	酉

　임철초 선생님은 다음과 같이 풀이하셨다. 이 命造는 庚金이 가을
에 태어났으므로 金의 氣가 대단히 예리한데, 官星인 丁火는 虛脫하

---

77)　傷官用財, 財旺身輕, 則利印比, 身強財淺, 則喜財運, 傷官亦矣.『子平眞詮評註』권
　　5, 앞의 책, p. 22.

므로 相制하기가 不可能하고 財星 甲木도 絶地에 있으니 어찌 官星을 生하는데 餘裕(여유)가 있겠는가?

初運이 土·金運이라 불은 꺼지고 金(일주)을 生하니 財産은 깨져서 줄어들고 몸은 다치고 刑까지 당하였다. 丁未·丙午大運에 官星이 일어나는 것을 도와주어 家業을 새롭게 일으켰으며 乙巳大運에는 늦게까지 비치는 햇빛을 넉넉히 즐겼으니 이른바 일주를 '傷(상)'한 것의 功이 있는 것이다.

譯評　庚戌月의 庚金日主에 태어난 時가 申時로 日主의 강함이 한눈에 들어온다. 철초 님은 용신을 年干의 丁火로 보고 희신은 이를 돕는 時干의 甲木으로 보았으며 대운에서 이 木/火를 돕는 때를 기다리니 三旬大運인 丁未大運부터 用/喜神을 돕는 대운이 되어 '傷'의 효과를 본 명조를 예시하였다.

컴퓨터 프로그램으로 五行指數를 검증해 보면, 역시, 金 6.9, 水 4.1, 木 1.0, 火 1.4, 土 1.2로, '金體火木用造'로, 火/용신에, 木/희신이 된다.

만약 이 命主가 2023년 현재 나이 27세로 丁未大運으로 접어들어 고생 끝, 행복 시작이 된 命主다.

『子平眞詮』심효첨의 格局論에 의하면, 月支인 戌土 중에 丁火가 年干으로 투출하여 正官格이 되었다. 이 격의 정의는 〈사례 15〉, 〈사례 34〉번에 잘 定義 되어 있다. 다시 取運論에서는 正官格에 財星과

印星을 쓸 수 있는데, 일주가 조금 약하면 일주를 돕는 六神(印星)을 取하고 官星이 조금 약하면 官星을 돕는 六神(財星)을 취한다[78]고 하여 이 명조는 일주가 강하고 正官이 약하므로 이 正官을 돕는 財星運과 正官運이 흘러 好運이 된 命主다.

時	日	月	年〈事例 70〉
乙	庚	壬	戊(인수격)
酉	申	戌	申(중첩방합국)

57	47	37	27	17	07
戊	丁	丙	乙	甲	癸
辰	卯	寅	丑	子	亥

임철초 선생님은 다음과 같이 풀이하셨다. 이 命造는 乙木이 庚金을 따라 從하여 金으로 化하였으며 官星이 보이지를 않고 地支의 종류는 西方으로, 또한 祿旺에 앉아 있어 權勢가 한 사람에게 있으니 그 强勢를 쫓아야 한다. 비록 壬水가 있으나 戊土가 바로 옆에 붙어 剋을 하고 있어 그 殺伐(살벌)한 氣運을 끌어당기어 通(金生水)하게 하기가 어렵다.

初運에 癸亥/甲子大運을 만나 그 氣勢를 順하게 하여 마음먹은 대로 財物을 즐기다가 한번 丙寅大運을 만나 그 旺한 神을 건드려 한번에 財産을 재(灰)같이 날리고 먹고 입는 것조차 헤아리기가 어려워지

---

78) 正官而用財印, 身稍輕則取助身, 官稍輕則取助官, 『子平眞詮評註』권4, 앞의 책, p.6.

자 스스로 목을 매어 죽으니 이른바 '洩(설)'하는 것이 有益이고, '傷'하는 것은 有害가 된다.

譯評 戌月의 金의 세력이 엄청 강하다. 철초 님의 설명대로 '洩'은 가능하지만 '剋과傷'은 불가능하다 왜냐하면 '衰者沖旺, 旺者發'이 되어 弱한 자가 强한 자를 沖하면 旺한 자가 발끈하고 화를 내면 사주가 깨지게 되어 있다. 철초 님의 설명대로, '一交丙寅(일교병인)'하여 '觸其旺神(촉기왕신)'하니 '一敗如灰(일패여회)'하고 '衣食難度(의식난도)'하니 '自縊而死(자액이사)'한 命主가 되었다.

컴퓨터 프로그램으로 五行指數를 검증해 보면, 역시, 金 6.7, 水 2.1, 木 0.5, 火 0.4, 土 4.2로, 위의 〈사례 69〉와 같이 金五行이 宗主 五行이 되어, '金體火木用造'로, 火/용신에, 木/희신이 되지만, 이 명조는 특수격인 '重疊方合局(중첩방합국)'이고, '金體土金水順用'으로 金/水五行이 用/喜神이 되었다.

만약 이 命主가 2024년 현재 나이 57세로 丁卯大運으로 아마도 이 세상 사람이 아닐 듯하다.

『子平眞詮』심효첨의 격국론에 의하면 戌月의 庚金일주로 印綬格이다. 하지면 印格에 用神은 食神을 쓰는 구조인지라 印綬格에 食神取用法을 볼 것이다. 印格에 傷食을 用神으로 쓰는 자는 '身强印旺(신강인왕)'하면 그 太過함을 두려워한다. (食傷을 用神으로 쓰는 경우) 日主의 기운을 洩하여 秀氣로 삼기 때문이다. 官星이 나타나지 않으면 용신으로서 비교적 明顯함이 된다[79]고 하였다.

이와 같이 食傷을 用神으로 쓸 경우에 印星이 많아 日主가 강해진 경우를 꺼리는데 그 이유는 印星이 食傷을 破剋하기 때문이다. 결국 이 명조에서도 年干의 偏印인 戊土가 食神인 壬水를 극하므로 破格이 되었는데, 이를 一名 '梟神倒食格(효신도식격)'이라고 하여 偏印이 가장 나쁘게 작용하는 경우이다.

時	日	月	年〈事例 71〉		
乙	丙	辛	庚(재격)		
未	辰	巳	申(금체화목용조)		
59	49	39	29	19	09
丁	丙	乙	甲	癸	壬
亥	戌	酉	申	未	午

임철초 선생님은 다음과 같이 풀이하셨다. 이 命造는 일반적으로 말하면 丙火 日主가 巳月에 태어나 月建이 (比肩인) 祿이라 반드시 用神으로는 財星을 필요하다고 하겠다. 庚·辛金이 重疊되어 있는 것은 뿌리가 깊은 것만 못하다. (좌우보다 상하가 더 깊다.) 홀로 있는 印綬는 상처를 입고 있으므로 日主가 弱한 것을 알 수가 있다.

運이 甲申/乙酉大運에 이르러 金氣運이 得地하고 木氣運이 뿌리가

---

79) "有印而用傷食者, 身强印旺, 恐其太過, 洩身以爲秀氣, 官星不見, 用神較爲明顯", 『子平眞詮評註』권4, 앞의 책, p.30-1.

없으므로 이상하게도 財産이 깨지고 줄어들었다. 丙戌·丁大運에 이르러 家門의 이름을 널리 떨치니, 이것은 '財多身弱(재다신약)'한 命造에서의 이른바 (比劫의) '幇(방)'으로 成功하는 경우이다.

譯評 '幇'에 대한 설명이다. 중주자는 財星이 강하여 '財多身弱'이 된 사주로 이 命主가 '丙戌丁運'을 만나 '重振家聲(중진가성)'한 이유는 '此財多身弱(차재다신약)'한 명조는 '所謂幇之則有功也(소위방지즉유공야)'하여 比劫이 '幇'하여 發福한 사주다. 이와 같은 사주인 경우가 바로 '五行體用法'인 '指數法則'에 의하여 어느 오행이 과연 어느정도 강한지를 수치적으로 검사를 해 봐야 하는 경우이다.

컴퓨터 프로그램으로 五行指數를 검증해 보면, 역시, 金 5.2, 水 0.8, 木 1.6, 火 2.0, 土 3.0으로, 金五行이 宗主五行이 '金體火木用組'로, 火/용신에, 木/희신이 되었다. 역시 財多身弱 사주는 比劫을 제1용신으로 한다.

만약 이 命主가 2024년 현재 나이 45세로 乙酉大運으로 이상하게 財産이 깨지고 줄어들고 있는 상태일 것이다.

『子平眞詮』 심효첨은 다음과 같이 설명을 한다. 祿劫으로 財星을 용신으로 쓸 경우에 반드시 傷官과 食神과 함께 있어야 한다. (그 이유는) 月令이 劫財이므로 財星에 영향(劫奪)을 주기 때문이다. 二者가 서로 극하기 때문에 반드시 食/傷星으로 化하는 작용이 있어야 비로소 劫財가 財星을 생하게 되는 것이(劫生食/傷→食/傷生財)[80]라고 하였다.

결론적으로 이 명조의 相神은 食/傷星인 土가 된다. 그렇다면 여기서 심효첨의 격국론의 허점이 드러난다고 할 수 있다. 심효첨은 月支와 日主를 중심으로 格을 찾는 단점으로 인하여 月支에 比劫星이 있으면 무조건 강하다고 여겨 財/官/煞/食으로 용신을 취하기 때문이다. 이 명조는 중화론에 의하면 '强變爲弱(강변위약)'이 된 명조이다.

時	日	月	年〈事例 72〉
壬	丙	癸	壬(정관격)
辰	午	丑	子(수체화목용조)

57	47	37	27	17	07
己	戊	丁	丙	乙	甲
未	午	巳	辰	卯	寅

임철초 선생님은 다음과 같이 풀이하셨다. 이 命造는 官星으로 局이 가득하여 日主는 외롭고 弱하며 비록 食傷이 함께 보고 있지만 단지 丑/辰土는 濕土에 不過하여 작은 水를 貯藏하는 能力은 있으나 큰 水를 막을 能力은 없다. 初運에 甲寅/乙卯大運을 지날 때는 殺을 化하여 日主를 도우니 일찍이 諸侯들이 다니는 國學에 入學하고 財産

---

80) "祿劫用財, 須帶食傷, 皆月令爲劫而以財作用, 二者相剋, 必以傷食化之, 始可轉劫生財", 위의 책, 권5, p.41.

축약 적천수천미 용신분석

이나 家業이 餘裕가 있었다.

후에 丙辰大運을 만나 比刦의 도움이 不可能할 뿐만 아니라 반대로 官殺(관살)의 回剋(회극)을 받아 마누라는 죽고 자식은 剋했으며 家業은 흩어져 줄어들면서 申年에 暗暗裡에 殺局으로 뭉치니 죽었다. 이른바 (印綬의) '助(조)'는 吉하고 (比刦의) '幇'은 반대로 害가 되는 것이다.

　　譯評　이 부분은 다른 命理書에는 없는 理論으로 '傷, 洩, 幇, 助'라는 用語를 이용하여 四柱를 論하였다. 물론 별것이 아니라고 생각하면 그만이지만 연구하는 모습이 가히 아름답다고 할 만하다. '傷'과 '洩'은 비슷한 작용을 하지만 '傷'을 쓰면 官이 用神이요, '洩'을 쓰면 食傷이 用神이 되고 '財多身弱' 四柱는 '幇'을 쓰고, 官殺이 무리를 지으면, 身弱한 四柱에는 比劫의 '幇'은 無用之物이고, 단지 印綬의 '助'가 필요하다고 설명하고 있다.

　이 명조 역시 嚴冬(엄동)의 丙火日主가 유일하게 의지하는 곳은 바로 아래 깔고 있는 午火에 의지하여 印綬大運이 오기를 기다리는 수밖에 없다. 그 이유는 日主 옆에 正/偏官이 포진하고 있기 때문에 比劫運이 들어오면 官煞에 깨지게 되어 있으므로, 단지 印星이 들어와 化煞을 하여 日主를 도와야만 되는 사주의 구조체이다.

　그러므로 火를 生하는 木이 희신 작용을 하는데 사주 자체에는 全無하여 대운을 기다리니 初年 甲寅/乙卯大運이라 국립학교에 입학도 하고 財業도 여유가 있었으나 三旬大運 丙辰大運에 回剋을 당하여 '刑妻剋子(형처극자)'하고 '家業耗散(가업모산)'이 된 운명이 된 命主이다.

　컴퓨터 프로그램으로 五行指數를 검증해 보면, 역시, 水 7.0, 木 0.6, 火 4.0, 土 1.2, 金 0.4로, 水五行이 宗主五行이 '水體土火用組'로, 土五行은 濕土로 不用하고, 火/용신에, 木/희신이 되었다.

　만약 이 命主가 2024년 현재 나이 53세로 戊午大運으로 아마도 이 세상 사람이 아닐 듯하다.

　『子平眞詮』 심효첨의 격국론에 의하면, 月支인 丑土 중에 癸水가 月干으로 투출하여 正官格이 되었다. 이 格의 定義는 〈사례 15〉, 〈사례 34〉번에 잘 정리되어 있다. 다시 取運論에서는 正官格에 財星과 印星을 쓸 수 있는데, 일주가 조금 약하면 일주를 돕는 六神(印星)을 取하고 官星이 조금 약하면 官星을 돕는 六神(財星)을 취한다[81]고 하여 이 명조는 일주가 약하고 正/偏官이 혼잡되어 極强하므로 일주를 돕는 인성(助)은 쓸 수 있으나, 비겁(幫)은 쓸 수 없다. 왜냐면 철초님이 설명하듯이 비겁운이 들어오면 강한 煞氣運에 回剋을 당하기 때문이다.

---

81)　正官而用財印, 身稍輕則取助身, 官稍輕則取助官,『子平眞詮評註』권4, 앞의 책, p.6.

方은 方으로만 되어야 하고 局은 局으로만 되어야 하며, 方에는 方만을 얻어야 하고 局과는 섞여서는 안 된다.

時	日	月	年〈事例 73〉
己	戊	丁	甲(칠살격)
未	辰	卯	寅(목체금토용조, 금불용)

54	44	34	24	14	04
癸	壬	辛	庚	己	戊
酉	申	未	午	巳	辰

임철초 선생님은 다음과 같이 풀이하셨다. 이 命造는 木氣運으로 方合을 완전히 이루었고 未字 하나가 더하여 혼탁이 되었다. 그러나 未字가 없다면 즉 일주는 허탈하게 되며 또한 天干으로 甲木이 透出하여 殺을 만드니 官이라고는 할 수 없다. 반드시 필요한 것은 未字에 日主의 氣運이 通해야하는 것이기에, 日主와 殺의 氣運이 均衡을 이루어 名譽와 富가 둘 다 빛이 났다. 鼎甲出身(정갑출신)으로 벼슬길이 品位의 끝까지 오르니 方과 局이 섞이어도 害가 없음을 알아야한다.

譯評 여기서도 증주자의 치밀함이 보인다. 이론으로만 반론을 주장하는 것이 아니라 이와 같이 명조를 예시하여 본인 주장을 합리화하고 있다. 이 명조는 참으로 妙하게 생겼다.

己 戊 丁 甲이와 같이 天干과,

未 □ □ □ 地支가 이와 같이 이루어져 土의 기운이 형성되었으며,

□ □ □ 甲

□ 辰 卯 寅 이와 같이 天干과 地支가 木의 기운을 이루고 있어 철초님이 주장하듯 '身殺兩停(신살양정)'이 되어 好命이 된 명조가 되었다.

이 명조의 진정한 용신은 어떤 오행일까? 일단 '五行體用論'의 指數法則으로 살펴보면 木이 司令하고 寅/卯/辰 木方을 이루었으며 天干으로 甲木이 투출하여 木勢가 강하다는 것을 한눈으로 알 수 있다. 그렇다면 용신은 이 왕한 木勢를 剋制하는 金을 찾아야 하겠다. 하지만 없으니, 다시 이 金을 생하는 두 번째 오행을 찾으니 土가 있다.

특히 通力은 계산할 필요가 없고, 이 土오행을 용신으로 하고 희신은 이 土를 생하는 火가 된다. 용신과 희신을 정하고 나면 '土火用組'가 되는데 일주 후순위 법칙에 의해서 火가 용신이 된다. 더하여 金五行은 대운에서 + 閑神인 藥神作用을 한다. 명조가 묘하게 생긴 것은 年干의 甲木이 月干의 丁火를 생하고 이 丁火가 日干의 戊土를 생하는 連生構造(연생구조)도 되고 木土 기운이 相剋을 하는 가운데 火用神을 쓰므로 인하여 通關用神의 기능도 한다. 결론적으로 명조의 구조가 忌/仇神 운이 들어와도 흔들리지 않게 짜여져 있다.

더하여, 컴퓨터 프로그램으로 五行指數를 검증해 보면, 역시, 木

6.8, 火 2.1, 土 4.9, 金 0.0, 水 0.3로, 木五行이 宗主五行이 '木體金土
用組'로, 金五行은 不在不用하고, 火/용신에, 土/희신이 되었다.

   만약 이 命主가 2024년 현재 나이 51세로 壬申大運으로 아마도 이
약간의 침체기에 들고 있을 것이다.

   『子平眞詮』심효첨의 格局論으로는 卯月에 甲木이 年干으로 투출
하여 偏官格이다. 이 격의 定義는 〈사례 5〉, 〈사례 17〉번에 잘 설명되
어 있다. 다시 취운론에서는 煞을 制할 食神이 없으면, 比劫을 써서
煞을 감당해야 한다. '煞輕印重(살경인중)'하면 煞을 돕는 것을 반기
고 '印輕煞重(인경술중)'이면 마땅히 制伏시켜야 한다. (그러나 인성
에게) 빼앗길 食神이 없으면 印星運에 어찌 다칠까?[82]라고 하여 역시
철초 님이 주장하는 '身殺兩停(신살양정)'이 되면서 약간 일주가 약하
므로 比/印이 相神이 되었다.

	時	日	月	年〈事例 74〉		
	丁	乙	庚	丙(록겁격)		
	亥	卯	寅	辰(목체금토용조, 불용)		
61	51	41	31	21	11	01
丁	丙	乙	甲	癸	壬	辛
酉	申	未	午	巳	辰	卯

---

82) 煞無食制而用刃當煞, 煞輕印重, 則喜助煞, 印輕煞重, 則宜制伏, 無食可奪, 印運何
   傷,『子平眞詮評註』권5, 앞의 책, p.13.

임철초 선생님은 다음과 같이 풀이하셨다. 이 명조는 地支로는 東方을 이루는 것이 주류이며, 木氣의 빼어남에 火氣가 밝다. 가장 기쁜 것은 丙火가 바로 옆에 붙어 庚金의 濁한 氣運을 剋하는 것이고, 이른 봄의 木은 당연히 어린 木이므로 반드시 時支의 亥水에 生하는 도움을 얻어야만 한다.

사람이 잘생기고 풍류를 아는 사람이며 學問은 깊은 연못과 같았다. (時柱의) 丁亥가 木을 生하고 火를 도와서 제후가 다니는 학교에 입학하고 科擧에 及第를 하였으며 巳大運에 南宮에 報捷(보첩)으로 들어가 翰苑(한원)에 이름을 높게 날리었다. 午大運에는 寅木과 아울러 卯木과 합을 이루어 鄧林(등림)에 重責을 맡는 사람으로 뽑히니 이것은 오직 사람이 총명하고 사리에 밝아서 최고의 우두머리가 되었다. 이는 마치 가장 숙련된 기술자가 玉의 밭에서 가장 아름다운 玉을 찾아낸 格이다.

酉大運에 이르러 日主인 乙木이 뿌리가 없어지고 庚金이 得地하여 東方의 빼어난 氣運을 沖하고 破하므로 일을 저지르고 벼슬에서 물러났다. 만약에 亥水가 그것을 化하는 機能이 없었다면 어찌 大凶을 免할 수가 있었겠는가?

譯評 또 다시 증주자인 철초 님의 특유한 해설방법이 등장하는 부분이다. 특히 해석하기 힘든 글자를 사용하였기에 해석하는데 애를 먹었다.

위의 명조는 寅/卯/辰月의 戊土는 偏官格으로 보라고 하였으며, 이 명조는 寅/卯/辰月 東方 木局이라도 태어난 시간이 亥時고 寅月에 司令하여 祿劫格으로 설명하려는 의도이다. 옛날 나이로 酉大運까지 살기는 드문 경우이다. 위의 명조는 寅/卯/辰 木方에 未土가 추가된 명조이고, 이 명조는 亥水가 추가 된 명조로써 原文과 原註에서 方과 局은 혼합되면 불가하다는 주장을 예제를 통하여 반론을 제기한 것이다.

컴퓨터 프로그램으로 五行指數를 검증해 보면, 역시, 木 8.7, 火 2.6, 土 0.0, 金 0.5, 水 0.2로, 역시, 木五行이 宗主五行이 '木體金土用組'로, 金/土五行은 不在不用하고, 宗主五行인 木五行을 중심으로 水/木/火五行 중, 木/火五行이 用/喜神이 되었다.

만약 이 命主가 2024년 현재 나이 49세로 乙未大運으로 아직 호운이 되지만 다음 대운인 丙申대운도 月柱과 天剋地沖(천극지충)이 일어나 불안한 대운이 될 것이다.

『子平眞詮』심효첨의 격국론으로는 建祿格이다. 이 格의 定義는 〈사례 3〉, 〈사례 19〉번에 잘 정리되어 있다. 이와 같은 근거에 의하면 심효첨은 이 명조의 用神은 財/官/煞/食 중에서 찾아야 할 것이다. 또, 建祿/月劫格이 되면 官星을 최우선한다. 그러나 이 명조에서는 火星인 食/傷神이 用神이 된다.

심효첨은 또 말하기를, 祿劫格에 財/官星이 없어서 食/傷星을 用神으로 하면 그 太過한 기운을 洩氣하여 역시 秀氣가 된다. 더욱이 (日主가) 春木과 秋金이면 귀하다. (왜냐하면) 대체로 木이 火를 만나면 밝아지고, 金이 水를 생하면 神靈스러워지기 때문이다. 이 명조〈事例 74〉는 春木에 해당되어 貴格이 되었다.

	時	日	月	年〈事例 75〉
	癸	乙	乙	甲(록겁격)
	未	卯	亥	寅(목체금토용조, 불용)

69	59	49	39	29	19	09
壬	辛	庚	己	戊	丁	丙
午	巳	辰	卯	寅	丑	子

임철초 선생님은 다음과 같이 풀이하셨다. 이 命造는 완전하게 木局을 이루었고 寅字 하나만 섞이었으며 그리고 四柱에 金氣運이 없어 그 強한 氣勢를 따르는 形局으로 말하자면 한 방향의 빼어난 氣運을 얻어서 從强格이 되었다. 少年時節에 科擧에 及第하고 오직 庚辰 辛巳大運에 비록 癸水의 化하는 作用은 있었으나, 刑喪(형상)을 당하는 어려운 일을 면하지를 못하였고 벼슬길도 실패가 잇따랐다.

六十이 넘은 壬午·癸未大運에 이르러 縣令서부터 시작하여 司馬에, 黃堂을 거쳐 觀察에까지 올랐으니 마치 넓은 바다를 향하여 내달리는 바람을 만난 돛단배와 같았으니 어느 누가 그 사람의 앞길을 막을 힘이 있겠는가? 이것을 보고 느낀 것은 强한 木局을 따를 때는 東·南·北運은 모두 利益이 있고 오로지 西方 金運이 木을 剋하고 破하는 것을 꺼릴 뿐이다.

譯評 亥/卯/未 木局을 이루고 더하여 天干으로 甲/乙/乙/癸로 형성된 가운데 年支의 寅木은 본래 木方의 生地라 地支가 온통 木勢로 이루어진 一氣格인 從强格이다. 曲直格이 못되는 이유는 시간이 癸未時인지라 종강격으로 구분하여야 한다. 철초 님이 이와 같은 명조를 예시한 것은 原文과 原註의 '局混方兮有純疵(국혼방혜유순자)'의 내용을 반박하기 위한 것이다. 하지만 대운만큼은 인정하고 있다.

즉, 예를 들어 강한 木局으로 이루어진 명조는 그 기운을 거스르는 반대의 기운인 西方大運으로 가면 불리하다는 것이다. 이 명조에서 볼 수 있듯이, 나이 60이 넘어도 운이 따라 주면 높은 벼슬까지 할 수 있다는 것을 예시한 명조이다. 물론 초년부터 四旬大運까지도 무난한 대운이지만 庚辰/辛巳大運은 金氣로 뭉쳐진 大運이라 '不免刑喪起倒(불면형상기도), 仕路蹭蹬(사로칭등)'하였지만, 壬午/癸未大運에 再起한 명조이다.

컴퓨터 프로그램으로 五行指數를 검증해 보나마나, 역시 木 7.7, 火 1.1, 土 0.0, 金 0.0, 水 4.0으로, 역시, 木五行이 宗主五行이 '木體金土用組'로, 金/土五行은 不在不用하고, 宗主五行인 木五行을 중심으로 水/木/火五行 중, 木/火五行이 用/喜神이 되었다.

만약 이 命主가 2024년 현재 나이 51세로 庚辰大運으로 접어들어 '不免刑喪起倒, 仕路蹭蹬'으로 고생하고 있는 중이다.

『子平眞詮』 심효첨의 격국론에서는, 이 명조는 인수격이지만 다시 변격이 되어 祿劫格이 되었다. 그 이유를 심효첨은 論用神變化(론용신변화)장을 〈사례 5〉번에서 잘 설명되어 있다.

이 같은 심효첨의 주장에 의하여 위의 명조는 印綬格이 建祿格으로 변하였다. 다시 심효첨이 말하기를, 建祿이란 月建이 祿堂이 된 것이다. 祿은 곧 劫이다. 혹시 祿堂이 투출하여 용신으로 삼고 의지할 수 있을까? 옳지 못하다. 그러므로 建祿과 月劫은 동일 格으로 할 수 있고 별도로 나눌 필요가 없다. 모두 地支에 모여 있는 것이 투간된 것을 가지고 별도로 財/官/煞/食으로 용신을 취해야 한다[83]고 하였다.

결론적으로 從强格과 從勢格이 없는 심효첨의 격국이론으로는 위와 같은 명조는 오히려 '庚辰/辛巳運'에 '癸水之化'하여 '刑喪起倒'하지 않고 '仕路蹭蹬'하지 않았을 것이다. 이와 같이 격국이론과 중화용신론의 차이는 철초 님의 이론과 심효첨의 이론인『子平』과『滴天髓』의 이론의 차이라고 할 것이다.

時	日	月	年〈事例 76〉
丁	乙	丁	甲(록겁격)
亥	未	卯	寅(목체금토용조, 금불용)

55	45	35	25	15	05
癸	壬	辛	庚	己	戊
酉	申	未	午	巳	辰

---

83) "建祿者, 月建逢祿堂也, 祿卽是劫, 或以祿堂透出則可依以爲用者, 非也, 故建祿與月劫, 可同一格, 不必另分, 皆以透干會支, 別取財官煞食爲用",『子平眞詮評註』권5, 앞의 책, p.39.

임철초 선생님은 다음과 같이 풀이하셨다. 이 命造 역시 완전한 木局으로 이루어졌으며 寅字 하나가 섞여 있으므로 빼어난 氣運의 丁火를 用神으로 取하면서도 앞 命造와 같이 從强格으로 論하는 것은 아니다. 巳大運에 이르러 用神 丁火가 官(旺)[84]에 臨하니 科擧에 及第하으며, 庚午·辛未大運은 南方이면서 金氣運의 敗地(패지)라 用神이나 日主가 다치지 않아 벼슬길이 평탄하였으나, 壬申大運에 木火가 모두 다치는 바람에 軍中에서 죽었다. 앞의 명조는 從强이라 南北이 모두 有利하였고 이 命造는 木火를 用神으로 하기에 西北이 有害하였다. 이 두 명조를 觀察하여 본 결과는 局과 方이 섞이어도 아무런 害가 없다는 것을 알 수 있다.

譯評 이 명조는 地支로는 木局을 이루었으나, 天干으로 丁火가 두 개씩 투출하여 증주자의 설명대로 從强格으로 논할 수는 없다. 하지만 사주 전체가 木/火로만 이루어진 二氣成象格이 되었다. 二氣格은 洩하는 오행이 용신이 되고 洩을 당하는 오행이 희신이 된다. 왜냐하면 두 오행사이에 상생구조이면 이 두 오행을 剋制하는 대운으로 흐르면 剋破를 당한다. 이 명조에서 土 오행은 플러스 閑神으로 작용한다.

컴퓨터 프로그램으로 五行指數를 검증해 보면, 역시 木 7.1, 火 2.7, 土 1.8, 金 0.0, 水 1.4로, 역시, 木五行이 宗主五行이 '木體金土用組'

---

84) "丁火臨旺"이라고 해야 맞을 것이다. 巳火가 官星이 될 수 없기 때문이다. 또한『闡微』138p에 나오는 사례명조 100에는 "丁火臨旺"이라고 나온다.

로, 金五行은 不在不用하고, 火五行이 2.7로 用力이 충분함으로 土/
火五行이 用/喜神이 되었다.

만약 이 命主가 2024년 현재 나이 51세로 壬申大運으로 접어들어
이 세상 사람이 아닐 것이다.

『子平眞詮』심효첨의 격국론에서는, 從强이나 從化論은 인정하지
도 않지만 이 명조와 같이 二氣로만 된 格에 대해서는 설명이 없다.
때문에 이 명조는 陰日主인 관계로 祿劫格[85]으로 설명을 하여야 한
다. 심효첨은 取用論에서 말하기를, 祿劫格에 財/官星이 없어서 食/
傷星을 相神으로 하면 그 太過한 기운을 洩氣하여 역시 秀氣가 된다.
더욱이 (日主가) 春木과 秋金이면 귀하다. (왜냐하면) 대체로 木이
火를 만나면 밝아지고, 金이 水를 생하면 神靈스러워지기 때문이다.
마치 張壯元의 命이 甲子/丙寅/甲子/丙寅으로 '木火通明'이 된 명조
라[86]고 하였다. 그러나 위〈事例 76〉의 명조는 격국론은 合格되었으
나 五旬大運인 '壬申木火皆傷(임신목화개상)'하여 '破局(파국)이 되
어 '死於軍中(사어군중)'한 命主다.

---

85) "建祿者, 月建逢祿堂也, 祿卽是劫, 或以祿堂透出則可依以爲用者, 非也, 故建祿與
月劫, 可同一格, 不必另分, 皆以透干會支, 別取財官煞食爲用",『子平眞詮評註』권5,
앞의 책, p.39.
86) "其祿劫之格, 無財官而用傷食, 洩其太過, 亦爲秀氣, 春木秋金, 用之則貴, 蓋木逢火
則明, 金生水則靈, 如張壯元命, 甲子/丙寅/甲子/丙寅, 木火通明命也",『子平眞詮評
註』권5, 앞의 책, p.43.

축약 적천수천미 용신분석

滴天髓闡微(二卷)

通 神 論

9 第十二 方局章(下)(제12 방국장, 하)

만약에 地支로 方이나 局의 要素가 함께 같이 온다면 반드시 天干으로는 반대되는 五行이 덮고 있어서는 안 되는 것이다.

時	日	月	年〈事例 77〉
癸	乙	丁	甲(록겁격)
未	亥	卯	寅(목체금토용조, 불용)

51	41	31	21	11	01
癸	壬	辛	庚	己	戊
酉	申	未	午	巳	辰

임철초 선생님은 다음과 같이 풀이하셨다. 이 命造는 方과 局이 함께 왔으며 月干으로부터 丁火가 유일하게 透出(투출)하여 무성하게 피어난 꽃들을 發洩(발설)할 수 있으니 그 妙함이 무엇인가? 哀惜(애석)한 것은 時干의 癸水가 투출한 것인데 地支의 亥水에 通根까지 하고 있어 빼어난 氣運의 丁火를 심각하게 傷하는 것이다. 이른바 '干頭反覆(간두반복)'이 되었다. 그러므로 옷깃 한번 펴 볼 수가 없었으며 가난하고 자식도 없었다. 가령 癸水를 火・土 중에 한 글자만 바꾸었어도 名譽와 富를 모두 이룰 수 있었을 것이다.

축약 적천수천미 용신분석

譯評 이 명조 역시 月干의 丁火가 용신이 되며 희신은 木局이 된다. 위 〈事例 76〉의 명조와 이 명조는 년과 월은 같으니 대운 역시 같이 흐른다. 헌데 이 命主는 乙亥日에 癸未時에 태어났고, 위의 命主는 乙未日에 丁亥時에 태어난 관계로 하늘과 땅 차이의 운명을 살게 되었다. 역시 사주는 오행이 몇 개냐가 중요한 것이 아니라 어떻게 짜여졌느냐가 중요하다.

물론 時干의 癸水는 病은 病이다. 왜냐하면 建祿格에 甲寅年生에 地支로 亥/卯/未 木局을 이루고 있는데 거기다 더하여 癸水가 돕고 있으니 '木多火熄(목다화식)'의 현상이 일어났을 것이다. 또한 대운을 살펴보면 중년운이 巳/午/未 南方火運이라도 天干으로 庚/辛/壬/癸運으로 흘러 好運이라고도 할 수 없다. 왜냐하면 時干의 癸水를 살리면 안 된다.

컴퓨터 프로그램으로 五行指數를 검증해 보면, 역시 木 7.3, 火 2.1, 土 1.2, 金 0.0, 水 3.1로, 역시, 木五行이 宗主五行이 '木體金土用組'로, 金土五行은 不在不用하고, 宗主五行인 木五行을 중심으로, 水/木/火五行 중, 木/火五行이 用/喜神이 된다.

만약 이 命主도 위의 명주와 같이 甲寅生이라 2024년 현재 나이 51세로 壬申大運이나 옷깃 한번 펴 볼 수가 없었으며 가난하고 자식도 없이 이 세상 사람이 아닐 것이다.

『子平眞詮』심효첨의 격국론은 앞 명조와 같은 祿劫格이고, 위의 命主는 乙未日에 丁亥時에 태어나고, 이 命主는 乙亥日에 癸未時에 태어나, 위의 사주는 丁火가 2개이고 이 사주는 癸水 1개 丁火 1개로 水剋火가 되어 破格이 된 사주다.

時	日	月	年〈事例 78〉
乙	甲	甲	丁(곡직격)
亥	寅	辰	卯(목체금토용조, 불용)

60	50	40	30	20	10
戊	己	庚	辛	壬	癸
戊	亥	子	丑	寅	卯

임철초 선생님은 다음과 같이 풀이하셨다. 이 命造는 方과 局이 같이 있으며 天干에는 水가 없고 丁火가 투출하여 빼어난 氣運을 流行하게 한다. 行運도 어그러짐이 심하지 않아 鄕榜서부터 시작하여 州牧까지 이르렀으며 자식들도 많았고 財物도 많았다.

타고난 性品은 仁慈하고 品行도 바르고 壽命도 팔순을 넘기며 夫婦 모두 長壽를 하였으니 이른바 木은 어진 것이 主이고 어진 사람은 오래 산다 하였으며 格名도 '曲直仁壽格'이 있듯이 믿을 만한 이야기이다. 이 두 命造를 보면 天干이 反覆이 되는 것과 완전히 順한 질서를 얻은 것의 차이는 하늘과 땅만큼의 差異가 있음을 알 수 있다.

譯評 '曲直仁壽格'이다. 결론적으로 앞의 명조는 時干의 癸水로 인하여 一般格이 되었으며, 이 명조는 乙亥時가 日支의 寅木과 時干

의 乙木에 의하여 亥水가 木化가 되어 '曲直格'이 되었다. 이와 같은 명조는 木을 중심으로 좌우의 오행이 희신이 된다. 즉, 水/木/火가 用組가 되는 것이다. 더욱이 이 같은 명조는 격을 剋破하는 西方大運이 제일 무섭다.

컴퓨터 프로그램으로 五行指數를 검증해 보면, 역시 木 9.3, 火 1.9, 土 0.0, 金 0.0, 水 1.8로 역시, 木五行이 宗主五行이 '木體金土用組'로, 金土五行은 不在不用하고, 宗主五行인 木五行을 중심으로, 水/木/火五行 중, 木/火五行이 用/喜神이 된다.

만약 이 命主는 2024년 현재 나이 38세로 辛丑大運이라 金/土오행이 한꺼번에 들어와 조금은 불편한 대운이 될 것이다.

『子平眞詮』심효첨의 격국론에 의해서도, 역시 '曲直格' 등 5格을 인정하므로 용신이 譯評者의 해설과 같다. 그러나『子平眞詮』에 評註를 한 서락오는 다음과 같이 曲直格을 설명하고 있다. 그 왕한 세력을 따른다는 것은 마치 癸卯/乙卯/甲寅/乙亥로 貴格이 된다. 운에서 食傷運을 (만나면) 그 秀氣를 洩하는 것이 가장 아름답다. 原局에 食傷星이 있으면 財運으로 흐르는 것 역시 아름답다[87]고 하였으나 위 〈事例 78〉의 명조의 대운은 印/比運으로 흘러도 무난하게 餘生을 마칠 수가 있다. 왜냐하면 위에서 언급하였듯이 格局을 깨는 官/煞運만 제외하고는 모두 쓸 수 있는 用/喜神이기 때문이다.

---

87) "從其旺勢, 如癸卯/乙卯/甲寅/乙亥, 爲貴格, 運以食傷洩其秀氣爲最美, 原局有食傷爲最美, 則財運亦美",『子平眞詮評註』권 5, 앞의 책, p.56.

時	日	月	年〈事例 79〉
丁	甲	甲	戊(록겁격)
卯	辰	寅	寅(중첩방합국)

53	43	33	23	13	03
庚	己	戊	丁	丙	乙
申	未	午	巳	辰	卯

임철초 선생님은 다음과 같이 풀이하셨다. 이 命造는 方을 이루고 元神이 天干에 透出하고 四柱가 金水가 섞이지 않았으며, 時干에 빼어난 氣運의 丁火가 있어 순수하고 보기가 좋다. 初中運에 火·土로 흐르는 이유로 하여 鄕榜부터 시작하여 이름 있는 구역의 재상으로 나갔다. 애석한 것은 木이 많아 火氣가 치열하여지는데 丁火로는 洩氣가 부족한 까닭이고, 運이 庚申大運에 이르러 禍를 면하기가 不可能하였다. 이 命造가 만약에 時에서 丙寅을 만났으면 반드시 科擧에 及第하고 벼슬길이 크게 나타났을 것이며, 庚申大運에서도 丙火가 충분히 그것에 대적할 수 있으니 역시 큰 흉까지 이르지는 않았을 것이다.

譯評 '木多火熄(목다화식)'의 명조다. 즉, 아궁이에 나무가 지나치게 많아 불이 꺼지는 형상이다. 중년운에는 火/土運으로 흘러 편안하였을 것이다. 철초 님의 설명대로 丁火 하나만으로는 이와 같이 많은 나무를 태우기는 어려워 '木多火熄'이 되었다. 다행인 것은 四旬大

運까지는 好運인 것이 다행이었으며 그러나 역시 불행하게도 官煞大運을 피하지 못한 命主다.

컴퓨터 프로그램으로 五行指數를 검증해 보면, 역시 木 7.5, 火 2.6, 土 3.1, 金 0.0, 水 0.3으로, 역시, 木五行이 宗主五行이 '木體金土用組'로, 金土五行은 不在不用하고, 宗主五行인 木五行을 중심으로, 水/木/火五行 중, 木/火五行이 用/喜神이 된다. 또 '重疊方合局'이라는 特殊格이 되었다.

만약 이 命主는 2024년 현재 나이 27세로 丁巳大運이라 아직은 호운이라 여유로운 생활을 할 것이다.

『子平眞詮』심효첨의 격국론에으로는 사례명조 77번과 같은 祿劫格으로 역시 왕한 격이므로 용신은 財/官/食/傷을 用神으로 하므로 위 명조와 같이 時干의 丁火가 용신이 된다. 대운설명은 위에서 언급한 내용이다.

時	日	月	年〈事例 80〉
丙	甲	丙	癸(편재격)
寅	辰	辰	卯(목체금토용조, 불용)

54	44	34	24	14	04
庚	辛	壬	癸	甲	乙
戌	亥	子	丑	寅	卯

임철초 선생님은 다음과 같이 풀이하셨다. 이 命造는 財星이 자기의 月令을 잡고 있어 旺하고 食神인 丙火까지 生하는 도움을 주고 있으니, 마땅히 財星을 用神으로 하고 丙火를 喜神으로 하므로 癸水는 忌神이 된다. 日主는 旺하고 財星을 用神으로 하니 조상의 유산이 十餘萬인데 初年에 水·木運으로 흐르는 바람에 한 번의 敗함으로 家産이 재(灰)와 같이 변하여 살아졌다. 辛亥大運에 이르러 火氣運은 끊어지고 木氣運만 生하는 水氣運이 旺하여지므로 배고픔에 시달리다 얼어 죽었다.

이러한 것을 보면 成局이니 成方이니 이야기할 필요 없이 반드시 먼저 살펴야 하는 것은 財星과 官星의 勢力이다. 만약에 財星이 제철을 만나 旺하다면 財星을 用神으로 하고 혹시 官星이 財星의 도움을 받는다면 官星으로 用神을 할 수 있다. 만약에 財星이 月支에 通根하지 않는다면 官星은 旺한 財星의 도움을 받지 못하므로 반드시 그 적은 것을 포기하고 많은 것을 따라야 하는 것이다. 나머지도 이와 같이 준하여 논하면 될 것이다.

譯評 이와 같이 陰年에 태어난 旺한 甲木日主는 앞 명조에서 설명하였듯이 陰年에 태어나 逆大運이 되므로 不美하게 된 명조이다. 甲木 日主가 雙丙火를 끼고 제철인 辰月에 태어나 四柱體로만 본다면 매우 아름답다. 하지만 대운이 명조의 뜻을 따르지 않고 있다. '命好不如運好'이다.

컴퓨터 프로그램으로 五行指數를 검증해 보면, 역시 木 10.5, 火

1.9, 土 0.0, 金 0.0, 水 1.7로, 역시, 木五行이 宗主五行이고, 철초 님이 주장하는 '財星인 辰土를 쓰고 食神인 丙火를 喜神으로 하라.'는 것을 프로그램에서는 財星인 辰土는 살아진다. 그러므로 '木體金土用組'로, 金土五行은 不在不用하고, 宗主五行인 木五行을 중심으로, 水/木/火五行 중, 木/火五行이 用/喜神이 된다.

만약 이 命主는 癸卯年生으로, 현재 나이 2세, 또는 62세로 아마도 이 세상 사람이 아닐 듯하다.

『子平眞詮』심효첨의 격국론에서는 辰月의 甲木은 偏財格이다. 이 財格을 印格에서 논하기를 印格과 財格은 '不分正偏'이라고 하였다. 이 격의 정의는 〈사례 6〉과 〈사례 20〉번에 잘 정리되어 있다.

또한 取運論에서는 財星과 食神이 輕하고 日主가 重하면 거듭하여 財/食運으로 흘러야 하고, 官運도 꺼리지 않는다. 官星이 印星을 반대로 어둡게 하기 때문이라[88]고 하였다. 이 명조의 원국은 역시 '財食輕而身重(재식경이신중)'한 상태에서 대운에서 '官印反晦矣(관인반회의)'가 되어 '至辛亥運'하여 '火絶木生'하고 '水臨旺'하니 '凍餓而死(동아이사)'한 命主다. 이 같은 결과는 역시 격국이 成格이 되어도 그 격을 도와주는 用神運으로 흘러야 好命이 될 수 있음을 알 수 있다.

---

88) "財食輕而身重, 則仍行財食, 煞運不忌, 官印反晦矣", 위의 책, 같은 권, p.21.

時	日	月	年 〈事例 81〉
丁	乙	辛	辛 (음건록격)
亥	未	卯	未 (목체금토용조, 금토불용)

57	47	37	27	17	07
乙	丙	丁	戊	己	庚
酉	戌	亥	子	丑	寅

임철초 선생님은 다음과 같이 풀이하셨다. 이 命造는 日主 乙木이 月令을 잡고 地支로는 亥·卯·未의 완전한 局을 이루었으니 木의 氣勢가 旺盛하고 金의 氣勢는 虛脫한데, 가장 반가운 것은 時干에 透出한 丁火로 用神으로 삼아서 制殺作用(제살작용)도 한다.

初運에는 土·金大運으로 흘러서 열심히 뛰어는 다녔으나 기회를 잡지 못하다가 丁亥大運에 이르러 木을 生하고 殺을 制하니, 軍에서의 세운 功으로 縣佐(현좌)의 벼슬을 하고 丙戌運 중에 丁火를 돕고 辛金을 剋하니, 縣令으로 昇進하였다.

이러한 것이 이른바 强한 무리가 적은 것을 對敵하여 큰 勢力은 존재하고 적은 것은 없애 버리는 것이며, 殺이 旺하여 制하는 것이 마땅한 것으로 미루어 짐작하면 안 된다. 酉運에 이르러 七殺이 祿旺地를 만나 木局을 沖破하니 불행하게 되었다.

譯評 이 명조는 '木多金缺(목다금결)'이 된 명조이다. 강한 木勢에 뿌리가 없는 두 辛金은 용신으로 쓸 수 없다. 때문에 時柱에 있는

丁亥時 중에 丁火를 용신으로 할 수밖에 없다. 譯評者의 경험에 의하면 이 丁亥라는 干支 중에 丁火는 유난히도 빛을 發하는 느낌이 든다. 아마도 亥中 甲木이 암장되어서 助力을 받아 그런 듯하다.

더욱이 丁卯라는 干支보다도 더욱 빛을 발하는 느낌이 든다. 이 명조에서 두 辛金은 오히려 병이 되어 初年大運에 병을 도와주는 凶運이 들어 고생만 하다가 丁亥大運에 기회를 잡아 丙戌大運에 縣令까지 지낸 命主이다. 사주구조가 地支로 亥/未/卯/未의 구조로 이루어져 未土가 모두 木기운으로 변하여, 土기운은 사라지고, 天干의 兩辛金은 用力을 잃은 상태가 되었다.

컴퓨터 프로그램으로 五行指數를 검증해 보면, 역시 木 6.6, 火 2.4, 土 1.8, 金 1.3, 水 1.4로, 역시, 木五行이 宗主五行이라 '木體金土用組'로, 金五行은 用力이 부족하여 不用하고 다음으로 土五行은 不在不用하고 宗主五行인 木오행을 중심으로 水/木/火五行을 중 木/火오행이 用/喜神이 되고 土오행은 +한神이 되었다.

만약 이 命主는 2024년 현재 나이 34세로 戊子大運이라 아직은 열심히 뛰어다니고 있는 나이다.

『子平眞詮』심효첨의 격국론에으로는로 하므로 위 명조와 같이 時干의 丁火가 用神이 된다. 다시 심효첨이 말하기를, 祿劫格에 財/官星이 없어서 食/傷星을 相神으로 하면 그 太過한 기운을 洩氣하여 역시 秀氣가 된다. 더욱이 (日主가) 春木과 秋金이면 귀하다. (왜냐하면) 대체로 木이 火를 만나면 밝아지고, 金이 水를 生하면 神靈스러워지기 때문이라[89]고 하여 심효첨도 祿劫格에 傷官인 子水에 通根을 한 年干의 癸水를 用神으로 하고 있다.

時	日	月	年〈事例 82〉
戊	乙	辛	辛(록겁격)
寅	未	卯	未(목체금토용조)

56	46	36	26	16	06
乙	丙	丁	戊	己	庚
酉	戌	亥	子	丑	寅

임철초 선생님은 다음과 같이 풀이하셨다. 이 命造도 乙木日主가 태어난 달에 뿌리를 내리니 비록 완전한 會局을 이루지는 않았어도 時支에 寅木이 있어 亥水의 힘보다도 몇 배 월등하다고 할 수 있다. 이로써 크게 한번 살펴보면 四柱 中에는 土가 세 개이고 金이 두 개 이니 財星이 旺한 殺을 生할 것 같으나, 卯月의 月令을 잡고 있는 것을 알지 못함이라, 모든 地支에 뿌리를 내린 木이 旺하다는 것이며 金의 生地가 아니다.

初運에 土·金의 大運으로 가니 部縣(부현)의 학교에 생원이 되고, 食廩(식름)을 타서 家業이 풍요로워 먹고 사는 걱정은 없었다. 한번 丁亥大運으로 바뀌면서 制殺하는 局으로 이루어지면서 마누라는 죽

---

89) "其祿劫之格, 無財官而用傷食, 洩其太過, 亦爲秀氣, 春木秋金, 用之則貴, 蓋木逢火 則明, 金生水則靈",『子平眞詮評註』권5, 앞의 책, p.43.

고 자식은 剋을 하고 財産은 깨지고 흩어졌으며, 罪를 지어서 이름을 바꾸어 살다가 憂鬱症에 시달리다가 결국은 죽고 말았다.

譯評 앞의 명조와 시간만 차이가 나는 사주이다. 앞의 사주는 丁亥時로 亥/卯/未 木局을 이루고 이 명조는 戊寅時로 局을 이루지 못하고 木氣만 강한 사주가 되었다. 그러므로 용신이 차이가 나는 것이다. 金/土가 用組로 偏官이 財星의 생을 받아 用/喜神이 되었다. 이와 같이 철초 님은 용신으로 필요한 오행이 있으면 正/偏을 가리지 않고 사용한다.

컴퓨터 프로그램으로 五行指數를 검증해 보면, 역시 木 7.2, 火 1.8, 土 3.2, 金 1.3, 水 0.0으로, 역시, 木五行이 宗主五行이라 '木體金土用組'로, 金五行이 용신이 되고, 土五行을 희신이 된다.

만약 이 命主는 2024년 현재 앞의 명주와 같은 年/月/日이 같으므로 나이 34세로 戊子大運이라 아직은 어려운 시기는 아니지만 곧 2년 후에 36세로 접어들면 制殺하는 局으로 이루어지면서 불행한 일이 벌어질 것이다.

『子平眞詮』심효첨의 격국론으로는 앞의 명조와 같은 격이 되지만 用神으로는 煞을 쓰는 명조이다. 취운론에서는, 祿劫格에 煞을 用神으로 쓸 경우 食神이 剋制를 하므로 食神이 重하고 煞이 輕한 경우에는 운은 마땅히 煞을 돕는 곳으로 흘러야 한다[90]고 하였다. 이 사주

---

90) "祿劫用煞以食制, 食重煞輕, 則運宜助煞", 『子平眞詮評註』권5, 앞의 책, p. 50.

도 용신을 金으로 정했기 때문에 丁亥大運에 煞을 극하는 丁火와 木의 局을 이루는 亥水가 들어와 불행하게 된 命主다.

時	日	月	年〈事例 83〉
癸	乙	己	庚(음건록격)
未	亥	卯	寅(목체금토용조, 불용)

54	44	34	24	14	04
乙	甲	癸	壬	辛	庚
酉	申	未	午	巳	辰

임철초 선생님은 다음과 같이 풀이하셨다. 이 命造는 本文에서의 局을 이루는 조건과 바로 合致되는 命造인데 天干으로 官星이 透干하였고 左右로는 도움 될 만한 것이 없으니 四柱가 情이 들 만한 것이 하나도 없다. 財星을 用神으로 하며는 比刦의 局을 이루고 있고 官星을 用神으로 하자니 絶地에 臨했고 用神이 어디에 뿌리를 내릴 곳이 없다.

사람 됨됨이로 말할 것 같으면 하나의 뜻은 늘 가지고는 있는 것이 적어 마음이 수없이 變하는 것이라 家業은 깨지고 살아지니 책 읽는 것도 이룰 수가 없었다. 그리하여 醫術을 工夫하다, 그것도 이루지 못하였으며, 風水工夫를 하여 스스로가, 仲景[91]이 다시 태어났느니 楊賴(風水家)가 다시 살아왔느니 하여도 끝내는 사람들이 믿지를 않았다. 또 占치는 것, 周易工夫, 命理工夫 등의 배운 것은 많으나 제대로 푸는 것이 없으니 비단 이룬 것이 하나도 없을 뿐더러 財産은 흩어지고 사람들은 떠나니 削髮하고 중이 되었다.

譯評 철초 님의 명조를 설명하는 방법은 매우 현장감이 있다. 바로 이웃집 사람의 삶을 끝까지 지켜보고 있는 듯하다. 하나의 명조에 어찌 用/喜神이 없겠는가? 아마도 이 명조는 무게중심이론인, '五行體用論'으로 풀어보면 從强格이 될 듯하다. 그렇다면 그 격을 중심으로 하여 좌우가 用/喜神이 되는데, 대운을 살펴보면 南方大運에는 조금 괜찮았지만 西方大運에 강한 木勢를 건드려 '削髮爲僧(삭발위승)'이 된 命主일 것이다.

컴퓨터 프로그램으로 五行指數를 검증해 보면, 역시 木 7.2, 火 1.1, 土 2.2, 金 1.0, 水 3.1로 역시, 木五行이 宗主五行이라 '木體金土用組'로, 金/土五行이 用力이 부족하여 不用하고, 宗主五行인 木五行을 중심으로 水/木/火五行을 順用 하여, 木/火五行을 用/喜神이 된다.

철초 님은 從强格을 언급하지 않고 '用神無所着落(용신무소착락)'이라고 한 것은 본문에 나와 있는 '成局干透一官星(성국간투일관성),

---

91) 중국 후한의 의사(醫師)(?~?). 이름은 기(機). 중경은 자(字). 장사 태수(長沙太守)를 지냈으며, 장백조(張伯祖)에게 의술을 배워 대성하였다. 저서에 《상한론》, 《금궤옥함요략(金匱玉函要略)》이 있다.

左邊右邊空碌碌(좌변우변공록록)'을 설명하기 위해서이다. 이 명조의 대운을 살펴보면 매우 흥미롭게 짜여져 있다. 天干이 地支로부터 극을 받고 있는 것을 볼 수 있다. 매우 안타까운 命主이다.

　만약 이 命主는 2024년 현재 나이 14세 辛巳大運에 막 접어들어 어려운 시점이 될 듯하다.

『子平眞詮』심효첨의 격국론에서도 從强格을 인정하고 있다. 五行이 일방으로 되면 秀氣를 취하여 (格이 될 수) 있다. 甲/乙日主가 亥/卯/未, 寅/卯/辰으로 全備되었고 또 春月에 태어난 甲/乙日主는 본래 劫財와 한 종류이다. 각각의 오행의 기운이 전체를 얻고 있다면 成格이 되므로 印綬가 투출하면 사주체가 순수해 진다[92]라고 하여 이 명조에서처럼 印星이 투출된 것을 기뻐한다고 하였다. 그렇다면 심효첨은 印綬인 癸水를 相神으로 한다는 것으로 본 譯評者의 생각으로 幫(방)하는 것보다 洩(설)하는 것이 좋을 듯하다.

---

92) "有取五行一方秀氣者, 取甲乙全亥卯未寅卯辰, 又生春月之類, 本是一派劫財, 以五行各得氣全體, 所以成格, 喜印露而體純", 『子平眞詮評註』권5, 앞의 책, p.55.

10 第十三 八格章(제13 팔격장)

八格이란, 정재, 편재, 정관, 편관, 정인, 편인, 식신, 상관이다. 財와 官과 印綬는 正과 偏으로 나누고 兼하여 食神과 傷官을 넣어서 八格이라 定하여 論한다.

時	日	月	年〈事例 84〉
癸	乙	癸	庚(재격)
未	未	未	辰(토체목수용조, 목불용)

52	42	32	22	12	02
己	戊	丁	丙	乙	甲
丑	子	亥	戌	酉	申

임철초 선생님은 다음과 같이 풀이하셨다. 이 命造는 日主가 地支 중에 세 개의 未土에 通根하여 또한 餘氣도 있으며, 天干에 透干한 두 개의 癸水는 三伏 중에 시원함을 만들고 있다. 바로 日主 옆에 붙어서 生함을 도와주고 역시 자기의 庫에 通根하고 있으며 官星은 하나가 나와서 깨끗함이 있다. 癸水는 土를 부드럽게 해 주고 金을 滋養(자양)시켜 生하고 化하는데 어그러짐이 없다. 旺한 財星이 官星을 生하니 中和가 됨이 순수하다. 科擧에 及第하고 벼슬은 번얼까지 이르렀으며 벼슬길이 끝까지 편안하고 부드러웠다.

譯評 사주체가 淸하면서도 어그러짐이 없다. 즉, 年支의 辰土는 年干의 庚金을 생하고 이 庚金은 月干의 癸水를 생하며, 이 癸水는 日主인 乙木을 생하고 있다. 철초 님은 아마 이 명조의 용신을 癸水로 희신은 庚金으로 보고 있는 듯하다. 결론적으로 중화용신격으로는 '官印相生格'이다.

물론 무게중심이론인, '오행체용론'으로 확인할 것이지만, 地支가 모두 土星으로 이루어져 잘못되면 '財多身弱' 사주가 될 것 같은 사주인데 사주체가 짜임이 좋으며 특히 대운 또한 西方에서 北方으로 흘러 長夏의 乙木日主에 생명의 물을 공급해 주는 형상이다.

컴퓨터 프로그램으로 五行指數를 검증해 보면, 역시 土 5.7, 金 2.4, 水 1.5, 木 1.9, 火 2.8로, 土五行이 宗主五行이라 '土體木水用組'로, 木五行이 用力이 부족하여 不用하고, 水/用神에 金/喜神이 되었다.

만약 이 命主는 2024년 현재 나이 25세 丙戌大運에 丙대운에 머물러 있으나 天干으로 癸水가 포진되어 있어 무난할 것 같으나 27세부터 戌大運 5년간은 힘들 것 같다.

『子平眞詮』심효첨의 격국론에서는 未月의 乙木은 偏財格이다. 이 財格을 印格에서 논하기를 印格과 財格은 '不分正偏'이라고 하였다. 이 격의 정의는 〈사례 6〉과 〈사례 20〉번에 잘 정리되어 있다. 또한 取運論에서는 재격에 印綬가 있으면, 대운은 관운으로 흐르는 것을 반긴다. 身弱하면 대운에서 印綬가 왕한 곳으로 가는 것을 반긴다[93]고

---

93) 財格佩印, 運喜官鄉, 身弱逢之最喜印旺. 『子平眞詮評註』권4, 앞의 책, p.22.

하여 이 사주도 '財多身弱'으로 印星을 용신으로 하고 官星을 희신으로 한다. 대운은 官/印星 大運으로 흘러 好運이 된 命主다.

時	日	月	年〈事例 85〉
丙	丁	壬	己(정재격)
午	未	申	丑(특수격, 식상용비격)

59	49	39	29	19	09
丙	丁	戊	己	庚	辛
寅	卯	辰	巳	午	未

임철초 선생님은 다음과 같이 풀이하셨다. 이 命造를 크게 볼 것 같으면 官星이 앞의 것보다 깨끗한데 어찌하여 앞의 主人公은 富貴한데 이 命造의 主人公은 困窮한 것인가? 이 命造는 印星이 없음을 알지 못함이라, 官星은 日主의 바로 옆에 붙어서 剋을 하고 午火와 未土가 비록 餘氣에 祿旺이라 하지만 水를 貯藏하고 있는 丑土가 午未의 火를 暗暗裡에 傷하게 하고 壬水를 만나 生을 하며 또 丙火를 剋한다.

더욱이 싫은 것은 己土가 하나 透出하여 水를 막는 機能을 하지 못하고 반대로 火를 어둡게 하는 것이며 겸하여 大運의 中間에 土運을 만나 또 火氣를 洩하니 말을 하자면 剋과 洩이 交代로 加하고 있다.(剋洩交加) 그로 因하여 功名은 이루지도 못하고 재산은 흩어져 없어지고 또한 마누라는 죽고 자식을 剋하는 일을 면할 수가 없었다.

자세히 연구하여 보면 己丑이라는 글자가 病인데 다행히도 格局은

順하고 바르며 氣와 象이 偏枯하지가 않으니, 將來에 木·火運에 이르면 비록 앞 大運에서의 굴곡 있던 삶도 반드시 후에는 奮發亨通(분발형통)할 수 있을 것이다.

譯評 아마도 戊辰大運쯤하여 看命한 명조인 듯하다. 丁未日에 丙午時를 약하게 본 것은 己丑年에 壬申月과 비교하여 剋洩交加(극설교가)한 명조이기 때문인 듯하다. 이러한 명조가 바로 용신 잡기가 어려운 명조인데 철초 님의 안목을 따라 갈 수 없는 어리석음을 한탄할 뿐이다. 물론 무게중심이론인 '五行體用論'으로 확실하게 밝혀질 것이며, 위와 같은 어려움을 해결하기 위하여 '體用論'이 탄생하게 된 계기라고 할 것이다.

컴퓨터 프로그램으로 五行指數를 검증해 보면, 역시 土 4.4, 金 3.2, 水 2.3, 木 0.3, 火 3.8로, 土五行이 宗主五行이라 '土體木水用組'로, 木五行이 用力이 부족하여 不用하고, 앞의 명조와 같이 水/金五行이 用/喜神이 되는 것이 아니라 특수격으로 변하였다.

즉, 이 명조는 丁火일주에 宗主五行인 土五行은 食/傷星이 되어 용신으로 官星을 쓸 수 없어 比劫을 우선적으로 용신을 삼는 '傷官用比格'이라는 特殊格이 되었다. 참고적으로 앞의 명조는 乙木일주에 宗主五行인 土五行은 財星이 되므로 비겁을 제1용신으로 하지만 用力이 부족하여 水/金五行으로 官/印星이 用/喜神이 되었다.

만약 이 命主는 2024년 현재 나이 16세 辛未大運에 머물러 고생길이 시작될 듯하다.

『子平眞詮』일단 심효첨의 격국론으로 명조를 보면, 申月은 본기가 우선이니 正財格에 암장되어 있는 壬水가 투간하여 救神이 있는 사주가 되었다. 相神인 土까지 투출하였으나, 相神과 救神이 貼身을 하면 不美한 일이 일어난다. 일단 이 사주는 일주가 근이 있어 正財와 正官을 감당하여 좋은 사주라고 격국론자들은 말할 것 같지만, 그러나 철초 님 눈에는 財/官이 강하여 일주가 '强變爲弱(강변위약)'이 되므로 印星運을 기다린다고 하는 것이다. 특히 격국론자들이 주장하는 天干으로 格用神과 相神運이 오는데도 不美하다고 한다.

時	日	月	年〈事例 86〉
辛	丙	乙	癸(정인격)
卯	午	卯	未(목체금토용조, 불용)

60	50	40	30	20	10
己	庚	辛	壬	癸	甲
酉	戌	亥	子	丑	寅

임철초 선생님은 다음과 같이 풀이하셨다. 이 命造는 官星은 맑고 印星이 바른 官印格으로 반가운 것은 卯·未가 合하여 木氣로 變하니 순수한 形象을 띠고 있음이 좋다. 그러므로 사람의 性品은 다른 사람보다 越等하였으며 재주가 華麗하고 卓越하였으니, 文章을 보면 마치 高山의 北斗와 같고 品行은 마치 깨끗한 玉이나 순수한 金과 같았다.

그러나 哀惜한 것은 印星이 지나치게 많은 것이라 官星의 洩氣가

甚하여 神은 餘裕가 있으나 精이 不足하니 그러한 결과로 功名에도 지장이 많았다. 비록 구름을 凌蔑(능멸)할 정도의 뜻은 가지고 있었으나 뜻대로 이룰 수가 없었다. 오히려 格이 바르고 局이 깨끗하며 財星과 合을 이루니 비록 큰 재주를 조금밖에 쓸 수 없었으나 마침내 名譽와 富를 이루었다. 벼슬길도 깨끗하고 높았으며 다른 사람들에게 善行을 베풀었고 늠름한 모습의 소박한 人才로 이름을 떨쳤다.

譯評 유난히도 이 명조를 설명하면서『詩經』에 나온 節句를 많이 이용하였다. 菁莪之化(청아지화)는『詩經』「彤弓(동궁)篇」의 題目이 菁菁者莪(청청자아)이며, 內容은 君子가 人材를 기름을 즐거워한 詩며, 樂樸(역박)은 「大雅(대아)篇」에 있으며 內容은 文王이 훌륭한 人物을 官職에 任用함을 찬양하여 읊은 詩이다.

철초 님은 官이 청하다고 하였지만 年干의 癸水는 未土를 깔고 있으므로 濁하고 乙卯月이라 官星의 洩氣가 심하여 癸水의 水源이 말랐다(枯). 더하여 '반가운 것은 卯·未가 合하여 木氣로 변하니 순수한 形象을 띠고 있음이 좋다.'고 하였지만 오히려 旺한 乙卯月이 더욱 旺해져 不美하다.

컴퓨터 프로그램으로 五行指數를 검증해 보면, 木 7.6, 火 4.0, 土 0.0, 金 0.5, 水 1.0으로, 木五行이 宗主五行이라 '木體金土用造'이나 金/土五行은 不在不用하고, 宗主五行인 木五行을 중심으로 水/木/火 오행 중, 木/용신에 水/희신으로 보면 될 것이다. 오랜만에 철초 님이 격국론을 인정하는 분위기다. 아래 심효첨 선생의 '격국론' 설명을 살

축약 적천수천미 용신분석

퍼보자.

만약 이 命主는 2024년 현재 나이 22세 癸丑大運에 머물러 好運이 될 것이다.

『子平眞詮』그렇다면 심효첨의 격국론에서는 어떻게 설명하는지 살펴보겠다. 卯月의 丙火日主는 正印格이다. 論印綬篇에 의하면 印綬는 일주를 생하는 것을 반기기 때문에 正/偏이 같은 美格이 된다. 그러므로 財格과 印格은 正/偏을 구분하지 않고 하나의 격으로 여겨 논한다[94]라고 하였다. 論取運論에 의하면, 일주가 강하고 印星이 旺하여 두려운 것은 太過된 상태이다. (그러므로) 일주의 기운을 洩하는 秀氣를 用神으로 삼는다[95]라고 하였으나 이 명조에는 설기하는 土가 없다. 특히 年支의 未土는 乾土이면서 卯未半合으로 묶여서 不用한다.

하지만 중화용신론에서 용신인 時干의 辛金을 用神으로 할 수 있다. 그러나 심효첨은 이 財星을 用神을 쓸 경우 다음과 같이 설명하고 있다. 즉, 혹 印星이 重하고 財星이 輕한 경우에는 겸하여 食傷星이 투출해야 한다. 財星과 食傷이 相生하므로 輕한 것이 不輕해져 즉, 富를 취할 수는 있으나 역시 貴함은 없다고 하였다.[96] 그러나 철초 님은 '竟名利兩全(경명리양전)'하고 '仕路淸高(사로청고)'하였다고 한다.

---

94) "印綬喜其生身, 正偏同爲美格, 故財與印不分偏正, 同爲一格而論之", 『子平眞詮評註』「論印綬」권4, 앞의 책, p.29.

95) "有印而用傷食者, 身强印旺, 恐其太過, 洩身以爲秀氣", 『子平眞詮評註』「論印綬」권4, 앞의 책, p.30.

96) "卽或印重財輕而兼露傷食, 財與食相生, 輕而不輕, 卽可取富, 亦不貴矣", 위의 책, 같은 권, p.33.

時	日	月	年〈事例 87〉
壬	癸	丙	辛(정인격)
戌	卯	申	卯(목체금토용조)

54	44	34	24	14	04
庚	辛	壬	癸	甲	乙
寅	卯	辰	巳	午	未

임철초 선생님은 다음과 같이 풀이하셨다. 이 命造는 印綬格으로 申金을 用神으로 하니 丙火가 病이고 壬水가 藥이니 순수하게 中和를 이루었다. 가을철의 水가 源流에까지 通하여 癸巳大運에 이르러 金水가 만나 生하는 것을 얻으니 科擧에 연달아 오르고 壬辰大運 病과 藥이 서로 救濟를 하여 주니 部屬(부속)으로부터 시작한 벼슬이 郡守까지 하였다. 辛卯 庚寅 두 大運에는 庚·辛金이 蓋頭(개두)가 되어 寅·卯木이 火를 生하거나 印星을 파괴하는 것을 不可能하게 하니 名譽와 富가 둘 다 온전하였다.

譯評 印綬格이다. 격국론에서는 인수격은 대부분 일주가 약하지 않는다는 전제하에 통변을 하지만 중화론에서는 일주를 중심으로 强弱을 따지므로 申月의 癸水이지만 주위의 오행들이 도와주지 않는 관계로 身弱하여 일주를 돕는 月支의 申金이 용신이 되었다.

철초 님은 '辛卯/庚寅 두 大運에는 庚·辛金이 蓋頭(개두)가 되어 寅·卯木이 火를 生하거나 印星을 파괴하는 것을 不可能하게 하니 名

譽와 富가 둘 다 온전하였다.'고 하시지만, 天干으로는 용신운이 되지만 지지의 대운은 조금 아쉽게 흐르는 형국이다. 만약 이 명조를 가진 현대인이라면 철초님이 설명하였듯이 '벼슬이 郡守'까지 되기는 어려운 命主다.

컴퓨터 프로그램으로 五行指數를 검증해 보면, 木 4.3, 火 0.7, 土 1.2, 金 4.1, 水 2.6으로, 木五行이 宗主五行으로, '木體金土用造'로, 金/용신이고 土/희신이 된다. 역시 대운이 아쉽다.

만약 이 命主는 2024년 현재 나이 14세 乙未大運에 머물러 별 볼일없는 대운일 것이다.

『子平眞詮』다음은 심효첨의 격국론은 앞의 명조와 같다.

時	日	月	年〈事例 88〉
甲	癸	丙	辛(정인격)
寅	卯	申	卯(목체금토용조)

54	44	34	24	14	04
庚	辛	壬	癸	甲	乙
寅	卯	辰	巳	午	未

임철초 선생님은 다음과 같이 풀이하셨다. 이 명조 역시 申金을 용신으로 하니 丙火가 병이 되는 것도 앞 명조와 같으나, 단지 寅字 하나가 바뀌어서 비단 병은 있고 약이 없는 것뿐만 아니라 또 다시 病

神을 생하는 것을 도와주고 있다. 앞의 명조의 주인은 '靑錢萬選(청전만선)'의 명예와 부를 모두 갖추었으나, 이 명조는 베틀의 북을 허공으로 날리거나, 나무 등걸에 토끼가 부딪히기를 기다리고 있는 격으로 되어 있다.

더욱이 싫은 것은 寅·申이 멀리서 충을 하는 것인데 卯木이 도움을 주니 木이 왕하여 金이 이지러지므로 印綬가 오히려 상처를 입고 있다. 또 月建은 육친의 자리에 포함되니 충을 하여 재산이 흩어지고 깨지고 부스러지는 것을 면하기가 어려웠다.

오직 壬運에 일주를 돕고 병을 제거하여 재산의 뿌리가 적으나마 여유가 있으나, 辛卯·庚寅大運에는 동방의 뿌리 없는 金이라 功名을 나아가 취하기가 불가능하였으며, 가업도 소강상태에 불과하였다.

그러나 格은 바르고 局은 진실되며 印星이 月令을 잡고 있으므로 꿈은 대단히 커서 여덟 말(斗)의 재주를 자랑하고, 마치 元龍과 의기를 경쟁하는 것 같았으며, 글을 쓰면 다섯 가지의 꽃(금련화, 백련화. 홍련화, 청련화, 흑련화)이 나타나는 것 같았으니 문장은 司馬의 것과 혼동할 정도였다. 유일하게 꺼리는 것은 月干에 투출한 가을 태양인데 깊고 넓은 바다에 구슬이 빠지는 것을 면할 수 없었다. 그러므로 正을 받아들이는 것이 순리이니, 命이라 아니 할 수 없다.

이리하여 몇 개의 命造를 살펴본 것으로 格局 하나로만 고집하는 것은 不可하다. 財官格이니 印綬格이니 不拘하고 日主는 간(干)으로 치지 않고, 나머지 일곱 글자로 旺한즉 눌러 주고 衰한즉 도와주며, 印星이 旺하여 官星의 洩氣가 있으면 財星이 마땅하며, 印星이 衰하고

財星을 만나면 比劫이 마땅하니, 이러한 것은 變할 수 없는 法이다.

譯評 이 사주 풀이가 정확한 풀이시다. 왜냐하면 앞의 명조와 年 /月/日이 같고 시간만 틀리고 '五行體用論'으로 指數를 검증하여도 '木體金土用造'로 金/용신에 土/희신이 된다. 물론 體인 木기운이 이 명조가 강하여 일주가 더욱 약해졌다. 그 이유는 前造는 壬戌時이고 此造는 甲寅時이기 때문이다. 역시, 乾命에 陰年生이라 대운이 逆行 하므로 용신운을 제대로 써먹지 못한 것이 애석할 뿐이다. 또, 천간 으로는 희신운이 되지만 지지의 대운은 아쉽게 흐르고 있다. 역시, 철초 님은 '辛卯/庚寅大運에는 동방의 뿌리 없는 金이라 功名을 나아 가 취하기가 불가능하였으며, 가업도 소강상태에 불과하였다'고 하 신다. 하지만 격국이 청하게 이루어졌으면 큰 인물은 못 되어도 재능 을 가지고는 산다고 하신다.

또 철초 님은 격국론의 한계를 지적하시고 억부론으로 일간을 제 외하고, 강한 오행은 抑(누르게)하고 약한 오행은 扶(돕게)하라신다. 명조는 앞의 명조와 태어난 시간의 차이일 뿐이다. 때문에 격국론과 임철초의 억부론과 오행체용론이 모두 일치하는 것이다. 하지만 이 命主는 甲寅時로 木勢가 强旺하여 일주의 기운을 설기하고 앞의 命 主는 壬戌時라 劫財인 壬水가 일간에 힘이 되는 중이다.

결론적으로 앞의 명조는 比/印이 용신과 희신이 된 듯하다. 그렇게 되면 地支는 도움이 안 되도 天干으로는 다행히 水/金運으로 흘러서 다행인 듯하다. 하지만 이 命主는 특별히 木/火五行이 강해서 불행하게 된 듯하다.

컴퓨터 프로그램으로 五行指數를 검증해 보면, 역시, 木 6.3, 火 1.1, 土 0.0, 金 3.5, 水 2.3으로, 木五行이 宗主五行으로, '木體金土用 造'로, 金/용신이고 土/희신이 된다. 역시 대운이 아쉽다.

이 命主도 위의 命主와 같이 2024년 현재 나이 14세 甲午大運에 들어와 별 볼 일 없는 대운일 것이다.

『子平眞詮』다음은 심효첨의 격국론은 앞의 명조와 같다.

時	日	月	年〈事例 89〉
甲	丙	庚	己(양인격)
午	午	午	巳(화체수금용조, 수불용)

54	44	34	24	14	04
甲	乙	丙	丁	戊	己
子	丑	寅	卯	辰	巳

임철초 선생님은 다음과 같이 풀이하셨다. 이 命造는 일반적으로 말하여서 丙午 日主가 地支에 午火 세 개를 가지고 있으며 四柱가 물한 방울 없고 中年運까지 또한 물이 없는 대운이라 반드시 '飛天祿馬格(비천록마격)'으로 이루어져서 名譽와 富를 둘 다 빛날 것이라고들할 것이다.

그러나 이 命造는 午火 중에 己土가, 巳火 중에 庚金이 年月에 元神

축약 적천수천미 용신분석

透出하여 '眞火土傷官生財格'으로 처음 大運인 己巳·戊辰大運에 火를 洩하고 金을 生하여 遺産으로 물려받은 業이 자못 넉넉하였다. 丁卯·丙寅 大運에 土·金의 喜/用神을 모두 傷害하게 하여 연이어 세 차례나 火災를 만나고 두 부인과 네 아들을 모두 剋하고 家業도 깨지고 사라져 버렸다.

乙丑大運에 이르러 北方의 濕土라 火를 끄고 金을 生하고 또 合하여 化하는 情이 있으니 事業을 하여 利益을 얻었으며 妾을 받아들여 자식을 낳고 家庭을 다시 일으켜 세웠다. 甲子·癸亥 北方 水運에 土를 潤澤하게 하고 金을 빛나게 하여 財産을 모은 것이 數萬이라 만약에 '飛天合祿(비천합록)'으로 이야기하면 北方의 水運을 크게 꺼리게 되는 것이다.

譯評 證據를 대고 理論을 펼치니 입이 열 개라도 말을 못하겠다. 일단 철초 님은 土/金/水運을 쓴 듯하다. 물론 乾土는 不用한다.

컴퓨터 프로그램으로 五行指數를 검증해 보면, 역시, 火 8.8, 土 1.6, 金 1.5, 水 0.0, 木 1.0으로 火五行이 宗主五行으로, '火體水金用造'이나, 水오행은 全無하여 불용하고, 金/용신이고 濕土/희신이 된다.

만약 이 命主는 2024년 현재 나이 36세 丙寅大運에 머물러 세 차례나 火災를 만나고 두 부인과 네 아들을 모두 剋하고 家業도 깨지고 사라져 버린 명주다. 앞으로 10년은 더 고생을 해야만 할 것이다.

『子平眞詮』일단 심효첨의 格論으로 살펴보겠습니다. 역시『子平眞

詮』에는 '飛天祿馬格'은 다루지 않고 있다. 비록 '飛天祿馬格'의 요건은 갖추었어도 심효첨은 다루지 않았기에 이 명조는 陽刃格으로 다루어야 할 듯하다. 이 격의 定義는 〈사례 1〉과 〈사례 29〉에 잘 정리되어 있다.

일단 이 旺한 陽刃(劫)을 剋制하는 官煞을 제1용신으로 하고 다음으로 財星과 印星을 기다린다고 하였다. 하지만 이 명조는 더 이상의 印星은 필요 없고 오히려 格局論에서 꺼리는 傷官이 生財를 하고 그 財星이 大運에서 들어오는 官星을 생하는 구조로 好運이 된 命主다.

時	日	月	年〈事例 90〉
己	乙	癸	丁(음건록격)
卯	卯	卯	丑(목체금토용조, 금불용)

53	43	33	23	13	03
丁	戊	己	庚	辛	壬
酉	戌	亥	子	丑	寅

임철초 선생님은 다음과 같이 풀이하셨다. 乙卯 日主가 卯月 卯時에 태어났으므로 旺한 것이 極에 달하였으니 가장 기쁜 것은 丁火가 유일하게 天干으로 透出한 것인데 哀惜하게도 癸水가 丁火를 剋하는 것이니 빼어난 氣가 傷害를 받는 것이다. 時干에 透出한 己土는 絶地에 앉아 있어 癸水를 除去하기에는 不可能하게 되어 있다.

그러한 까닭에 공부를 계속할 수 없었으며 初運과 中運이 水·木大運으로 흘러서 刑을 당하거나 喪을 당하는 일이 자주 있어 家業이 깨지고 점점 줄어들었다. 戊戌·丁火大運에 願하는 장사를 하여 크게 이루어 財産이 엄청 불었으니 만약에 이것이 '飛天祿馬之論'에 의한다면 戊戌大運에 당연히 크게 破하였을 것이다.

譯評 人命은 在天이라는 소리가 바로 이러한 命主의 사주를 보고 하는 듯하다. 五旬大運과 六旬大運 中 戊戌/丁火大運에 용신운에 '大遂經營之願(대수경영지원)'하여 '發財巨萬(발재거만)'한 命主다. 卯月의 乙木은 강한 것은 확실하다. 하지만 木旺節이 중요한 것이 아니라 乙卯日主가 태어난 시간이 卯時인지라 잘못하면 從强格이 될 듯한데 또 철초 님은 火/土가 用/喜神이 된다고 한다.

컴퓨터 프로그램으로 五行指數를 검증해 보면, 역시, 木 8.0, 火 1.0, 土 2.2, 金 0.2, 水 1.5로, 木五行이 宗主五行으로, '木體金土用造'이나, 金/土五行은 不用한다고 하였으나, 철초 님이 설명하셨듯이 土五行이 2.2이고 火五行이 1.0으로 合力이 3.2로 역평자도 철초 님에게 한 표 던진다.

만약 이 命主는 2024년 현재 나이 28세 庚子大運에 머물러 아직도 刑을 당하거나 喪을 당하는 일이 자주 있어 家業이 깨지고 점점 줄어들고 있는 중이다.

『子平眞詮』다음은 심효첨의 격국론에서는, 卯月의 陰日干인 乙木 日主이므로 祿劫格이다. 이 격의 정의는 〈사례 3〉번에 잘 정리되어 있다.

또, 이 격의 取運論에서는, 祿劫格에 財星을 用神으로 할 경우 반드시 食/傷星과 함께 해야 한다. (왜냐하면) 月令이 劫財가 되어 財星에게 작용하여 二者가 相剋이기 때문에 반드시 食傷으로 劫財를 化해야 비로소 劫財의(性情을) 轉化하여 財星을 생하기 때문이라[97]고 하였다.

時	日	月	年〈事例 91〉
甲	甲	癸	丁(정인격)
戌	辰	丑	未(토체목수용조)

52	42	32	22	12	02
丁	戊	己	庚	辛	壬
未	申	酉	戌	亥	子

임철초 선생님은 다음과 같이 풀이하셨다. 이 命造는 地支에 모든 四庫가 冲을 만나고 있으며 일반적으로 '雜氣財官格'이라 하는데 丑/未가 서로 冲을 하고 있는 것을 모르는가? 특히 官星이 傷害를 받을 뿐만 아니라 또 冲을 하여 庫의 뿌리가 除去되고 日主가 餘氣를 깔고 앉아 있어 역시 뿌리의 기반이 되는데 더욱이 싫은 것은 戌土의 冲이 있어 작은 뿌리마저 뽑히었다.

財星이 많아 身弱한데 또 旺한 土가 冲을 하여 더욱 旺하여졌으므

---

97) "祿劫用財, 須帶食傷, 蓋月令爲劫而以財作用, 二者相剋, 必以傷食化之, 始可轉劫生財", 위의 책 같은 권, p.41.

로 癸水가 반드시 傷害를 입는데, 初運 壬子 辛亥水가 旺한 大運으로 흘러서 祖上의 蔭德(음덕)이 餘裕가 있었다. 한 번 庚戌大運을 만나 財煞이 둘 다 旺하여져 부모님이 돌아가시고 아내도 죽고 자식을 魁하였으며, 己酉·戊申 大運에 土가 天干을 덮어 金으로 하여금 水를 生하지 못하게 하여 家業은 깨지고 살아지니 자식도 없이 죽었다.

譯評 '財多身弱'이 된 사주로 결국 '富屋貧人'의 사주다. 특히 丑中 癸水는 丑/未沖에 의하여 살아지고, 역시 日支의 辰中 癸水와 乙木 역시 辰/戌沖에 살아지니, 오직 土氣만 남아 일주에게 부담만 줄 뿐이다. 印/比가 용신인데 특히 比劫運이 들어와야 하는 명조이다.

컴퓨터 프로그램으로 五行指數를 검증해 보면, 역시, 土 5.7, 金 1.0, 水 2.6, 木 2.4, 火 2.6으로, 土五行이 宗主五行으로, '土體木水用造'로 木/水五行이 用/喜神이 되었다.

만약 이 命主는 2024년 현재 나이 58세 丁未大運에 머물러 이 세상 사람이 아닐 것이다.

『子平眞詮』심효첨의 격국론으로는 丑月에 태어난 甲木 일주는 丑中 癸水가 투출하여 정인격이 되었다. 이 격의 定義는 〈사례 8〉번에 잘 정리되어 있다. 다시 이 격의 취운론에서는 호격이라 순용하여 다음과 같이 설명하고 있다. '印綬格에 財星을 만나면 운에서 劫運으로

흘러야한다. 官/印도 역시 형통하다. 財運으로 흐르면 꺼린다.[98]고
하였다. 역시 '財多身弱' 사주는 比劫運을 제1용신으로 한다고 심효
첨 선생님도 설명하신다.

時	日	月	年〈事例 92〉
辛	甲	癸	丁(정인격)
未	子	丑	亥(수체토화용조, 불용)

58	48	38	28	18	08
丁	戊	己	庚	辛	壬
未	申	酉	戌	亥	子

　　임철초 선생님은 다음과 같이 풀이하셨다. 甲子日主가 丑月에 태
어났으며 地支의 種類가 北方이고, 天干으로는 辛金과 癸水가 官星
과 印星의 元神이 透出하여 丁火를 剋하여 除去하고, 丑土와 未土는
멀리 떨어져 있어 水의 勢力이 權力을 잡았으니 丑土를 冲하기가 不
可能하다. 四柱가 中和의 象을 바르게 얻었으며 그리하여 土金水運
에 生하고 化하는 情을 모두 얻었으므로 일찍이 국립학교에 입학을
하였으며 가을에 치루는 科擧에 합격을 하였다.

　　단지 四柱의 格局이 지나치게 맑고 추운 것이 原因이 되어 벼슬길
은 편안한 편은 아니었으므로 국립학교에 들어가 하루 종일 종을 쳐

---

98) 印綬遇財, 運喜劫地, 官印亦亨, 財鄕則忌. 『子平眞詮評註』 「論印綬取運」 권4, 앞의
책, p. 40.

주거나 따듯한 봄이면 살구꽃 핀 계단(孔子學을 가르치는 私塾(사숙))에서 虞나라 현악기(비파)를 즐기었다. 앞의 命造는 沖을 만나서 官星과 印星이 傷害를 받아서 名譽와 富를 이룬 것이 없으며, 이 命造는 움직임이 없어서 名譽를 이루고 富도 이루었으니 '墓庫逢沖必發(묘고봉충필발)'이라는 것은 잘못된 이야기라는 것을 알아야만 한다.

譯評 그렇다!!! 앞의 사주보다는 좋은 듯 헌데 丑月의 甲木日主 年支의 亥水까지 있어 水勢가 강할 듯한데 철초 님은 '官印元神發露(관인원신발로)'하여 '剋去丁火'를 하여 好命이 되었다고 하였으니 丁火를 病으로 보고 從旺格으로 용신을 잡아 '中和之象'이라고 하여 土/金/水運에 '生化之情'을 얻었다고 하였다. 오행체용론으로 확인할 것이다.

컴퓨터 프로그램으로 五行指數를 검증해 보면, 역시, 水 9.0, 木 1.7, 火 1.6, 土 1.2, 金 1.4로, 水五行이 超過宗主五行으로, '水體土火用造'이나, 土/火五行은 用力이 부족하여 不用하고, 宗主五行인 水五行을 중심으로 金/水/木五行 중, 金/水五行이 用/喜神이 되었다.

만약 이 命主는 2024년 현재 나이 18세 壬子大運에 머물러 잘나가고 있을 것이다.

『子平眞詮』심효첨의 격국론으로도 역시 前造와 같은 丑月에 甲木日主이지만 丑中 癸水가 투출하여 正印格으로 볼 것이다. 이 격의 定義는 〈사례 8〉번에 잘 정리되어 있다.

論取運論에 의하면, 우선적으로, 일주가 강하고 印星이 旺하여 두려운 것은 太過된 상태이다. (그러므로) 일주의 기운을 洩하는 秀氣를 用神으로 삼는다[99]고 하였으나, 다시 만약에 官을 用神으로 쓸 경우 (사주에) 食傷과 함께 있으면 官이 왕한 印綬運으로 흘러야 한다. (왜냐하면) 食/傷이 해롭기 때문이다. (또) 煞運을 만나는 것도 꺼리지 않는다[100]고 하였다. 그렇다면 이 사주는 官星도 淸純하고 印星이 왕하여 일주가 강해졌으므로 두 번째 조건에 해당하는 명조이다.

철초 님도 그 年干의 丁火를 오히려 病으로 보고 제거하여 好命이 되었다고 하니 격국론과 중화론이 일치한다. 물론 『滴天髓』를 공부하다 보면 從格을 지나치게 쉽게 본다는 일반 명리학자들과 의견 다툼이 있곤 하다.

---

99) "有印而用傷食者, 申强印旺, 恐其太過, 洩身以爲秀氣", 위의 책, 같은 권, p.30.
100) "若用官而並帶傷食, 運喜官旺印綬之鄕, 傷食爲害, 逢煞運不忌矣", 위의 책, 같은 권, p.36.

11 第十四 體用章(제14 체용장)

道(명리학)에는 體와 用이 있는데 한 가지로만 이야기하는 것은 옳지 못하다. 필요한 것은 도와줄 때는 도와주고 눌러줄 때는 눌러주어야 하는데 그러한 과정에서 마땅히 적절한 氣運을 얻어야만 하는 것에 있다.

時	日	月	年〈事例 93〉
癸	丙	甲	丙(양인격)
巳	午	午	寅(화체수금용조, 불용)

53	43	33	23	13	03
庚	己	戊	丁	丙	乙
子	亥	戌	酉	申	未

임철초 선생님은 다음과 같이 풀이하셨다. 이 命造는 長夏의 月令을 받고 태어난 丙火日主로 月支와 日支에 劫財를 깔고 앉아 있으며, 年支의 生을 받고 또 甲木과 丙火가 透干하여 猛烈한 火가 木을 태우니 旺한 것이 極에 달하였다. 한 점의 癸水는 말라 없어지고 단지 그 强勢에 따르는 것을 얻었으니, 木·火·土運을 만나면서 財産이 불어났다.

申·酉運 중에 財産이 줄어들고 刑耗를 당하는 일이 많으며 亥水運에 이르러 家業은 破하여 없어지고 죽었다. 이른바 旺이 極에 달한 것은 누르면 반대로 激烈하여지면서 害가 된다고 한 것이 그것이다.

譯評 이 명조는 日主인 丙火를 중심으로 火勢를 이루었기 때문에 철초 님이 주장하는 從强格이 되었다. 炎上格이 되지 못하는 이유는 時干의 正官인 癸水가 있기 때문이다. 오히려 이 癸水는 힘을 쓰지도 못할 뿐더러 공연히 불난 집에 기름방울을 떨어뜨리는 형상이 되었다. 激發之勢(격발지세)가 되었다. 이와 같이 從格을 확장하여 從强格을 주장한 이론의 뿌리는 아마도 明代의 張楠의『命理正宗』에서 나오는 '病藥論'을 기초로 한 듯하다.

이 명조는 철초 님이 설명한 대로 돕는 五行運이나 洩氣하는 五行運이나 아니면 日主가 剋하는 財星運으로 흐르면 무난하지만 이 강한 火勢를 어설프게 抑制하려는 官煞運으로 흐르면 '衰者沖旺旺者發 (쇠자충왕왕자발)'이 되어 불행하게 된다.

컴퓨터 프로그램으로 五行指數를 검증해 보면, 역시, 火 10.9, 土 0.0, 金 0.4, 水 1.0, 木 1.0으로, 火五行이 極旺宗主五行으로, '火體水金用造'이나, 水/金五行은 不用하고, 宗主五行인 火五行을 중심으로 木/火/土五行 중, 木/火五行이 用/喜神이 되었다.

만약 이 命主는 2024 현재 나이 39세 戊戌大運에 머물러 무난할 것이나, 앞으로 십 년 후 48세 亥대운을 만나면 家業은 破하여 없어지고 죽게 될 것이다.

『子平眞詮』심효첨은 論雜格장에, 五行이 一方으로 되면 秀氣를 취하여 (格이 될 수) 있다. 甲/乙日主가 亥/卯/未, 寅/卯/辰으로 全備되었고 또 春月에 태어난 甲/乙日主는 본래 劫財와 한 종류이다. 각각의 오행의 기운이 전체를 얻고 있다면 成格이 되므로 印綬가 투출하면 사주체가 순수해진다[101]고 하였다. 그러므로 이 명조는 時干의 正官인 癸水에 의하여 炎上格의 조건에 들지 못하고 오히려 陽刃格이 되고, 이 格理論에 의하여 用神으로 時干의 癸水인 正官을 써야 한다. 그렇게 되면 중화론에 의한 용신론과 차이가 나는 모순이 생긴다.

時	日	月	年〈事例 94〉
丙	丙	庚	戊(재격)
申	申	申	寅(금체화목용조, 불용)

58	48	38	28	18	08
丙	乙	甲	癸	壬	辛
寅	丑	子	亥	戌	酉

임철초 선생님은 다음과 같이 풀이하셨다. 丙火日主가 초가을에 태어나 가을철 金이 季節을 얻었고 세 개의 申金이 하나의 寅木을 冲하여 除去하므로 丙火의 뿌리는 이미 뽑히었다. 比肩 역시 힘이 되기에는 不可能하고 年月 兩干에 또 土金이 透出하여 오로지 그 弱한 勢力은 따라야만 하는 것이니 財星의 性質을 따라야만 하는 것이다. 그러하니 比肩이 病이 되어 大運이 水가 旺한 地支에 이르러서 比肩을 除去하여 사업이 크게 발전할 수 있었다.

---

101) "有取五行一方秀氣者, 取甲乙全亥卯未寅卯辰, 又生春月之類, 本是一派劫財, 以五行各得氣全體, 所以成格, 喜印露而體純",『子平眞詮評註』권5, 앞의 책, p.55.

丙寅大運에 日主를 도와주니 사람이 죽고 財産이 깨지고 살아지는 일을 당하였으니, 이른바 지극히 弱한 것을 돕는다는 것은 노력도 헛되이 되어 이룬 공도 없으며 오히려 害가 되는 경우가 된다.

이와 같은 格局이 무척 많으니 일반적으로 말하여 앞의 命造는 金·水가 用神이 되고, 이 命造는 반드시 木·火가 用神이 된다고 하면 그러한 결과는 吉凶이 顚倒(전도)되는 것이고, 오히려 命理로는 證憑(증빙)을 할 수 없다는 허물만이 돌아오고 마는 것이다. 그러므로 특별히 책에 이 두 命造를 가지고 論하는 것은 後에라도 證據의 말을 남기기 爲함이다.

譯評 從財格이다. 이 從格은 그 從하는 五行을 거스르면 不美하다. 金/水大運은 무난하였으나 丙寅大運에 終命한 命主이다. 이 정도면 오늘날도 長壽族에 들 수 있다. 여기서도 철초 님의 치밀함에 의하여 증거까지 남기는 치밀함이 보인다.

컴퓨터 프로그램으로 五行指數를 검증해 보면, 역시, 金 6.1, 水 2.8, 木 0.9, 火 1.6, 土 1.3으로, 金五行이 宗主五行으로, '金體火木用造'이나, 火/木五行은 不用하고, 宗主五行인 金五行을 중심으로 土/金/水五行 중, 金/水五行이 用/喜神이 되었다.

만약 이 命主는 2024년 현재 나이 27세 壬戌大運에 머물러 무난할 것이다.

『子平眞詮』 심효첨의 격국론에서도 이 棄命從財格을 인정하고 있

다. 論雜格장에서, 命을 포기하고 財星을 따르는 것은 사주가 모두
재성으로 이루어져 日主가 無氣하여서이다. (때문에 命을) 버리고
재성을 따르게 되면 大貴格으로 成格이 된다. 만약에 印綬가 투간하
면 일주가 印綬의 생함에 의지하여 不從하고, 官煞이 있으면 역시 從
財格이 안 되고 從煞(財生煞하여 官煞이 강해져)의 이유로 그 格을
이루어질 수가 없다[102]고 하여 從財/殺格만큼은 철초 님과 異論의 여
지가 없다.

---

[102] "有棄命從財者, 四柱皆財而身武氣, 捨而從之, 格成大貴, 若透印則身賴印生而不從,
有官煞則亦無從財, 兼從煞之理, 其格不成,"『子平眞詮評註』권5, 앞의 책, p.60.

12 第十五 精神章(제15 정신장)

사람의 (命에는) 精氣와 神氣가 있으며 한쪽으로 지나치게 求하는 것은 좋지가 않다. 덜어내야 할 때는 덜어내고 도와주어야 할 때는 도와주어야 하는데 得其中하여야 한다. 즉 '中'의 道理를 얻는 것이 반드시 필요하다.

時	日	月	年〈事例 95〉		
戊	丙	甲	癸(정관격)		
戊	寅	子	酉(수체토화용조)		
54	44	34	23	14	04
戊	己	庚	辛	壬	癸
午	未	申	酉	戌	亥

임철초 선생님은 다음과 같이 풀이하셨다. 이 命造는 甲木이 精이 되고 衰한 木에 滋養分을 주는 水를 얻었으며 그리고 祿이 되는 寅木을 만나니 精이 넉넉하다. 戊土가 神이 되는데 戊土에 通根하여 앉아 있고 寅·戌合하여 神이 旺하게 되고, 官生印, 印生身하고 長生을 아래에 두어서 氣가 流通하여 通하니 生하고 化하는 五行이 넉넉히 갖추어져 上下左右가 情이 있고 協力하므로 어그러짐이 없다. (대운에서) 官이 오면 能히 막을 수가 있으며, 劫財가 오면 官이 있고, 食神이 오면 印星이 있으니, 東西南北의 運을 모두가 行할 수 있어 바로 이러한 것이 一生동안에 富貴福壽가 아름답다고 말할 수 있는 것이다.

축약 적천수천미 용신분석

譯評 이 명조는 譯評者의 논문에서는 다음과 같이 설명하였다. 추운 겨울의 丙火라(物像으로는 태양이라고 하지만 현실적 물질적으로는 火는 火이기 때문에) 나에게 필요한 용신이 바로 옆에 붙어 있어 '絶處逢生(절처봉생)'이 되었다. 이를 『窮通寶鑑』의 조후용신론으로 본다면 子月의 丙火는 갑목의 生扶가 절실하다[103]고 하였다.

컴퓨터 프로그램으로 五行指數를 검증해 보면, 水 5.1, 木 3.1, 火 2.1, 土 2.5, 金 2.0으로, 水五行이 宗主五行으로, '水體土火用造'로 火/土五行이 用/喜神이 되었다. 이렇게 보면 5旬大運이나 되어야 好運이 된다.

그러나 필자의 견해로는 年支의 酉金부터 시작하여 年干의 癸水로 金生水하고, 그것이 月干의 甲木으로 水生木하며, 그것이 日干의 丙火로 木生火 하고, 또 그 丙火가 時干의 戊土로 火生土하고, 그 戊土는 日干 대비 食神星이며, 그 食神은 地支로 戊土에 뿌리를 내려 튼튼한 구조가 되었다. 일명 '周流無滯(주류무체)' 사주로 好命이 되었다.

여기서 精을 논한다면 甲木인데 이는 용신이 되고, 그 용신의 도움을 받은 병화 일주의 기운은 戊土로 발산하니, 戊土가 神이 되는 것으로, 精·氣·神이 모두 갖추어진 명조가 된다고 할 수 있다.

추가적으로 임철초 님이 주장하듯이 사주 자체에서 나를 도와주는 印星과 比劫은 精氣가 되고, 剋制洩하는 官星과 財星 食傷은 神氣가 된다. 특히 위 명조에서 기가 통한다는 것은 官生印, 印生身하여 내 기운을 마음껏 발산할 수 있는 食傷이 있어 기가 통하므로 好命이 된

---

103) "不可無甲木生扶", 徐樂吾 著, 앞의 책, p.206.

다고 보았다. 이곳에서 철초 님의 설명은 심효첨의 격국용신론으로
사주를 풀었다.

　만약 이 命主는 2024년 현재 나이 33세 辛酉大運에 머물러 不美한
듯 보이지만 위의 설명과 같이 '周流無滯' 사주인지라 큰 어려움은 없
을 것이다.

　『子平眞詮』심효첨의 격국용신론은 月令 子水의 地藏干에 癸水가
年干에 투출하여 '正官格'을 이루었다. 정관격은 四吉神에 속하므로
生하는 庚辛金이 있어야 하는데, 年支의 酉金이 相神이 되고, 月干의
甲木은 救神이 되었다.

時	日	月	年〈事例 96〉
庚	丙	乙	癸(정인격)
寅	辰	卯	未(목체금토용조, 불용)

53	43	33	23	13	04
己	庚	辛	壬	癸	甲
酉	戌	亥	子	丑	寅

　임철초 선생님은 다음과 같이 풀이하셨다. 이 命造는 큰 勢力으로
보면 官星이 印星을 生하고 偏財를 時干에서 만나 五行이 빠진 것이
없어 四柱가 순수하고 엄연하게 貴한 格이 된다. 그러나 財와官 두
글자가 休囚가 되는 것을 알지 못한 것이며 또 멀리 떨어져 서로 돌

아다 볼 수가 없으며 地支는 寅/卯/辰 木의 方이 모두 있어 봄의 土는 剋을 당하여 다하니 金을 生하기는 不可能하다.

金은 絶地에 臨하여 水를 生하기도 不能하면서 水의 氣運도 木에 洩氣를 당하여 다하고 木의 勢力만이 더욱 旺하여지니 火氣만 熾熱해 지고 火氣가 熾熱하니 氣가 죽고 氣가 죽으니 神이 마르게 되어 있다.

行運이 北方으로 갈 때는 또 丙火의 氣를 傷하고 반대로 木의 精氣를 도와주지만 곧 金運을 만나서는 이른바 餘裕가 지나친 것을 덜어내려다가 반대로 그 氣를 건드려 怒하게만 되었으니 이러한 理致로 平生을 구차하게 지내고 名譽와 富를 이룬 것이 없었다.

譯評 철초 님의 풍부한 자료에 부러운 감정을 지나 시샘이 들 정도이다. 이 명조는 '木多火熄(목다화식)'과 인성이 강하여 관성이 설기가 되는 구조다. (전형적인 官洩사주다. 직업은 장사도 안 되고 프리랜서로 살아야 한다.) 제아무리 맹렬한 丙火라도 지나친 母性에 子衰(자쇠)당한 形象이 되었다. 대운 水運은 '以致終身碌碌(이치종신록록)'하고 '名利無成也(명리무성야)'한 命主이고, 강한 木星을 건드리는 金運은 凶運이 된다.

컴퓨터 프로그램으로 五行指數를 검증해 보면, 木 9.9, 火 2.1, 土 0.0, 金 1.0, 水 1.3으로, 木五行이 極旺宗主五行으로, '木體金土用造'이나, 金/土五行은 用力이 부족하여, 不用하고 宗主五行을 중심으로 水/木/火五行 중, 木/火五行이 用/喜神이 되었다. 이렇게 보면 乾命

에 陰年生이라 왔던 대운을 돌아가니, 불행한 命主가 되었다.

만약 이 命主는 2024년 현재 나이 22세 癸丑大運에 行運이 北方으로 갈 때는 또 丙火의 氣를 傷하고 반대로 木의 精氣를 도와주지만 좋은 꼴은 볼 수 없는 대운이다.

『子平眞詮』심효첨의 격국용신론에 의하면, 卯月의 丙火日主는 印綬格이 되었으며, 심효첨은 '論印綬'장에서, 印綬는 일주를 생하는 것을 반기므로 正/偏이 함께 美格을 이룬다. 그러므로 財格과 印綬格은 偏正格을 나누지 않고 同一格으로 논한다. 印綬가 格을 이루면 한결같지 않다. (만약에 예를 들어) 印綬格에 官星이 투간한 것은 正官을 用神으로 취해 印星을 생하게 하는 것뿐만 아니다.

그러한 즉, (같은 印綬格에) 用神으로 煞을 쓰는 것과는 다르다. 그러므로 '身旺印强'한 명조는 太過함을 근심하지 않고 단지 官星이 淸純한 것만을 바랄 뿐이라[104]고 하였으나, 위 〈事例 96〉의 명조를 격국론으로는 看命한다면 인수격에 官星이 투출하여 이를 用神으로하고 대운을 보니, 好運으로 흐른다. 그러나 철초 님의 중화용신론으로 보면 火/木五行을 용신으로 하고 있다. 이 명조도 역시 중화론과 격국론에 異論이 보인다.

---

104) "印綬喜其生身, 正偏同爲美格, 故財與印不分偏正, 同位一格而論之, 印綬之格局亦不一, 有印而透官者, 正官不獨取其生印, 而卽可以爲用與用煞者不同, 故身旺印强, 不愁太過, 只要官星淸純『子平眞詮評註』권4, 앞의 책, p.29.

時	日	月	年〈事例 97〉
己	丙	乙	戊(상관격)
丑	辰	丑	戊(토체목수용조, 불용)

54	44	34	24	14	04
己	庚	辛	壬	癸	甲
未	申	酉	戌	亥	子

임철초 선생님은 다음과 같이 풀이하셨다. 이 四柱는 모두가 土이
며, 命造의 日主 元神은 月干(支)이 洩氣하여 다하고, (月干의) 乙木
은 시들고 마르니 이른바 精氣가 마르고 꼬였다. 壬戌大運을 만나 本
日主가 傷害를 입고 歲運에서 辛未를 만나 乙木이 심하게 剋을 당하
여 九月에 죽었다. 病名은 虛弱症을 앓다가 死亡하였다.

이 命造는 大運이 逆行하는 것으로 보아 女命으로 보아야 할 것이
다. (이 文句는 袁樹刪氏의 主張이다. 자칭 『徵義』를 增註하였다는,
서락오도 '按壬戌爲逆行運, 當是女命'이라고 하였다.)

譯評 이 명조는 '子旺母衰(자왕모쇠)'한 명조다. 철초 님의 설명
대로 만약 月干의 乙木인 印綬가 없다면 從兒格이 되어서 火/土/金
運이 用/喜神이 된다. 從格을 이루는 조건은 명조 중에 日干을 돕는
오행이 있든지, 또는 그 從格이 되는 五行神을 剋制하는 五行神이 있
으면 不從한다. 결론적으로 철초 님이 주장하듯이 月干의 乙木이 病
이 되었다.

컴퓨터 프로그램으로 五行指數를 검증해 보면, 土 8.5, 金 0.2, 水 2.2, 木 1.9, 火 1.2로, 土五行이 宗主五行으로, '土體木水用造'이나, 木/水五行은 用力이 부족하여, 不用하고 宗主五行을 중심으로 火/土/金五行 中, 火五行이 用/喜神이 되었다.

만약 이 命主는 2024년 현재 나이 7세 甲大運에 무난하게 지낼 듯 하다. 하지만 24세 壬戌大運 辛未年에 불행한 일이 일어난다는 것이 안타까울 뿐이다.

『子平眞詮』심효첨의 격국론은 傷官格으로 이 격의 정의는 〈사례 11〉, 〈사례 12〉번에 잘 정리되어 있다. 다시 取運論에서는, 傷官格에 財星을 쓸 경우, '財旺身輕(재왕신경)'할 경우 印/比運이 이롭고, '身强煞淺(신강살천)'하면 財運을 반기고 傷官運 역시 괜찮다[105]고 하였으나, 오히려 이 명조는 傷官인 土오행이 강하여 신약하므로 火/土/金오행 중 火오행이 용신이 되었다. 아쉽게도 대운이 따라주지 못한 命主다.

---

105) 傷官用財, 財旺身輕, 則利印比, 身强財淺, 則喜財運, 傷官亦矣. 『子平眞詮評註』권 5, 앞의 책, p.22.

13 第十六 月令章(제16 월령장)

月令이란 提綱의 곳집으로 譬喩하면 집이라 할 수 있으며, 그 月令의 支藏干 속에 있는 人元이란 用事함에 있어서 用神으로 사용할 수 있는 神을 말하며, (비유하자면) 집의 방향을 정하는 것이니 가려 쓰지 않으면 안 된다.

時	日	月	年〈事例 98〉
丙	戊	丙	甲(편관격)
辰	寅	寅	戌(목체금토용조, 불용)

55	45	35	25	15	05
壬	辛	庚	己	戊	丁
申	未	午	巳	辰	卯

임철초 선생님은 다음과 같이 풀이하셨다. 戊寅日主가 立春後 十五日에 태어나 바로 甲木의 司令을 맡았으며, 地支로는 두 개의 寅木이 辰·戌土에 바짝 붙어 剋을 하고, 天干에는 甲木이 또 日干 戊土를 制하니 煞이 旺하여 身弱이라고 할 수 있다. 그러나 기쁜 것은 金이 없으므로 日干의 氣運을 洩하지 않고, 더욱 妙한 것은 水가 없어 印綬인 丙火를 허물지 않는 것이며 丙火가 바로 日主 옆에 붙어 透出하니 더욱 부럽다. 科擧에 及第하여 푸른 실을 달아매고 副尹을 거쳐 黃堂까지 오르니 名譽와 富를 둘 다 거두었다.

譯評　地支의 寅木이 辰/戌土에 바짝 붙어 剋을 한다는 것과 天干에는 甲木이 또 日干 戊土를 制를 한다는 것은 인정할 수 없다. 그이유는 天干의 甲木은 오히려 바로 옆에 있는 丙火를 생하는 것을 먼저 하는 작용을 하기 때문이고 또 지지의 寅木 속에 丙火와 戊土가함께 暗藏되어 있어 辰/戌土를 剋하지 못한다. 공연히 官生印, 印生我하여 용신격으로 '官印相生格'의 좋은 사주를 트집 잡으려고 하는것이다. 더욱이 대운이 東南方으로 흐르니 黃堂까지 이른 것이다.

컴퓨터 프로그램으로 五行指數를 검증해 보면, 木 5.7, 火 4.3, 土 2.8, 金 0.5, 水 0.2로, 木五行이 宗主五行으로, '木體金土用造'이나, 金/土五行은 用力이 부족하여, 不用하고 宗主五行을 중심으로 水/木/火五行 중, 木/火五行이 用/喜神이 되었다.

만약 이 命主는 2024년 현재 나이 31세 己巳大運 巳大運에 머물러好運이다.

『子平眞詮』심효첨의 격국론으로는 偏官格이다. 이 편관격의 정의는, 〈사례 5〉, 〈사례 17〉번에 잘 정리되어 있다. 심효첨이 말하기를, 칠살격에 印星이 있어 用神으로 쓰면 印星은 능히 煞星을 보호한다. '煞印有情(살인유정)'하여 바로 貴格이 된다. 이 같은 결과로 격국론과 중화론이 用(相)神이 같으면 好命이 될 가능성이 높다는 것을 알수 있다.

論取運에서도 偏官格에 印綬를 쓰면 財星運으로 흐르는 것은 不利하며 傷官運은 아름답다. 印綬와 日主가 왕하면 복을 누리는 처지가 된다[106]고 하였다. 여기서 財星運으로 흐르면 不利하다는 것은 用神을 剋하는 運이기 때문이다.

時	日	月	年〈事例 99〉
庚	戊	丙	甲(편관격)
申	辰	寅	戌(목체금토용조)

58	48	38	28	18	08
壬	辛	庚	己	戊	丁
申	未	午	巳	辰	卯

임철초 선생님은 다음과 같이 풀이하셨다. 戊辰日主가 立春後 六日에 태어나 戊土가 司令을 하고 月干에 丙火가 透干하여 生하고 化하는 것이 有情하다. 日支에 辰土를 깔고 앉아 通根하니 身旺하고 또 食神이 制殺을 하여 일반적으로 比較하여 이야기하면 앞의 命造보다 훨씬 좋다고 할 수 있다. 그러나 어린 木에 차가운 土를 알지 못함이요, 모두가 火를 반긴다.

더구나 이미 殺이 化하여 버린 것을 다시 制殺하는 것은 마땅하지 않다. 바로 꺼리는 것은 申時로 비단 日主를 洩氣를 할 뿐만 아니라 이 또한 丙火의 絶地가 되어 글공부를 하여도 이루기가 어려웠고 일생 동안 일어섰다 넘어졌다 편안하지가 않았으며 半平生 刑喪을 免하기가 어려웠다.

---

106) 煞用印綬, 不利財鄉, 傷官爲美, 印綬神旺, 俱爲福地", 위의 책, 같은 곳, p.9.

譯評 이 사주는 참으로 묘하게 생겼다. 위의 명조는 甲戌/丙寅/戊寅/丙辰으로 이 명조와 태어난 年/月이 같아 대운도 같이 흐른다. 역시 用/喜神도 같다. 헌데 앞의 명주는 黃堂까지 하였는데 이 명주는 '書香難遂(서향난수), 一生起倒不寧(일생기도불령), 半世刑喪不免也(반세형상불면야)'한 것은 아마도 태어난 일과 시간 때문인 듯하다.

위의 命主는 戊寅日 丙辰時로 木/火大運이 들어오면 化生을 하는데, 이 命主는 戊辰日 庚申時로 地支로 申/辰水局을 이루어 火大運이 들어오면 不亂이 일어나는 형국이 된다. 역시 사주는 大運만 볼 것이 아니라 짜여진 구조도 살펴서 대운과 대비를 해야만 할 것이다.

컴퓨터 프로그램으로 五行指數를 검증해 보면, 木 4.0, 火 3.4, 土 3.1, 金 3.6, 水 0.9로, '木體金土用造'에 金용신에 土희신이 되었다. 地支로 오는 火대운은 庚辛金이 蓋頭가 되어 '一生起倒不寧(일생기도불령), 半世刑喪不免也(반세형상불면야)'가 된 命主다.

이 命主도 태어난 해가 甲戌年이라 2024년 현재 나이 31세 己巳大運 巳大運에 머물러 불이 꺼지는 大運이다.

『子平眞詮』심효첨의 격국론으로도 前造와 같은 偏官格이다. 前造에서도 설명하였듯이, 이 편관격은 四凶神의 하나이므로 逆用해야 한다. 論偏官장에 의하면, 煞은 일주를 공격하므로 마치 美物이 아닌 것처럼 보이나, 大貴格은 七煞에 많이 존재한다. 剋하고 制하는 것이 적당하면 煞을 나를 위해 쓸 수 있다.

마치 大英雄 大豪傑들이 말을 모는 것이 어려워 보이지만 일단 그 방법을 알고 나면 驚天動地의 功을 홀연히 취할 수 있으니, 王侯將相이 七煞格에 많이 존재하는 까닭이[107]라고 하여, 七煞格도 여느 다른 格과 마찬가지로 알맞은 制伏이 되면 오히려 훌륭한 인물이 이 格에서 많이 나온다고 하였다.

그러나 이런 격을 보면서 격국무용론이 나오게 된 것이다. 此造와 같이 흉한 七煞을 制伏시킬 수 있는 食神이 時柱에 강하게 있는데도 이 命主는 '一生起倒不甯(일생기도불령)'하고 '半世刑喪不免也(반세형상불면야)'한 이유는 무엇일까? 그 이유는 격국은 成格이 되었어도 그 격국에 따르는 대운이 도움을 주지 않으면 아무 소용없는 격국론이 되고 마는 것이다.

---

107) "煞以攻身, 似非美物, 而大貴之格, 多存七煞, 蓋控制得宜, 煞爲我用, 如大英雄大豪傑, 似難駕馭, 而處之有方, 則驚天動地之功, 忽焉而就, 此王侯將相所以多存七煞也",『子平眞詮評註』권5, 앞의 책, p.1.

14 第十七 生時章(제17 생시장)

태어난 時는 돌아가 잠드는 땅으로 譬喩하면 墓地가 되고 人元이란 用事하는 神을 말하며 墓의 方向을 決定하는 요소와 같은 것이다. 자세하게 나누지 않으면 안 된다.

사례명조 없음.

15 第十八 衰旺章(제18 쇠왕장)

능히 (四柱에) 衰하고 旺한 참된 機微는, 三命의 奧妙한 것을 알아야만, 절반 이상은 알았다고 할 수 있다.

時	日	月	年〈事例 100〉
戊	甲	丁	甲(양인격)
辰	子	卯	辰(목체금토용조, 금불용)

57	47	37	27	17	07
癸	壬	辛	庚	己	戊
酉	申	未	午	巳	辰

임철초 선생님은 다음과 같이 풀이하셨다. 甲子日主가 卯月에 태어나 地支로는 두 개의 辰土가 있으니 이것이 木의 餘氣가 되며 또 辰卯가 있어 東方을 이루고, 子水와 辰土가 함께 半水局을 이루니 木氣가 太旺하여 金과 같이 되었다. 이로써 丁火를 用神으로 하니 巳大運에 이르러 丁火가 旺地에 臨하여 이름을 궁궐 담에 붙일 정도였다.

庚·辛 兩運에 南方運의 截脚(절각)이 되는 金運이라 비록 身分上이나 財產上의 苦痛은 있었으나 큰 걱정은 없었다. 未大運에 子水를 剋하여 除去하여 시험에 합격하여 식량을 보조받았다. 午大運에는 子水가 冲剋하여 가을에 치루는 科擧에 떨어져 意志를 잃었다. 壬申

大運에 金·水가 함께 오는 바람에 妻는 죽고 자식을 剋하게 되고 財產이 깨지고 살아지는 일이 많았으며 癸大運에 不幸하게 되었다.

譯評 木氣運이 太旺하여 金氣運과 같다고 함은 어느 한 오행이 지나치게 강한 경우로 이때에 용신은 剋制(극제)하는 오행을 쓰게 되면 오히려 그 太旺한 오행을 사납게 만드는 것으로 오히려 命主에게는 불리하게 된다. 때문에 이와 같은 경우가 바로 剋制하는 용신보다는 傷洩(상설)하는 용신을 써야만 한다.

甲木日主가 强하니 用神은 바로 옆에 붙어 있는 丁火 傷官으로 하면 된다. 물론 이 명조에는 剋制하는 金五行이 없으니 논할 필요는 없다. 처음으로 絶脚(절각)이라는 用語가 나온듯한데 예를 들어 庚午大運 庚金이 午火에 의하여 힘을 못 쓰는 경우로 뒷부분에서 絶脚과 蓋頭(개두)가 나온다.

컴퓨터 프로그램으로 五行指數를 검증해 보면, 木 7.4, 火 1.0, 土 3.1, 金 0.0, 水 3.4로, 木五行이 宗主五行이 되므로, '木體金土用組'에 金五行이 不在不用하고 土/火五行이 用/喜神이 되었다.

만약 이 命主는 2024년 甲辰年이고, 이 命主도 甲辰生으로 현재 나이 61세 癸酉大運 癸大運에 불행한 일을 당하게 되었다.

『子平眞詮』심효첨의 격국론으로는 卯月에 甲木日主는 陽刃格이 된다. 이 陽刃格의 정의는 〈사례 1〉, 〈사례 29〉번에 잘 정리되어 있다. 이 명조는 陽刃格에 제1用神인 金五行이 없다. 그러나 取用論에서 심효첨은 돌려 말하기를, 陽刃格에 財星을 用神으로 할 경우 격 자체는 반갑지 않지만 財星이 뿌리가 깊으면 食傷星을 써서 刃星을 돌려서 財星을 생하면 비록 建祿月劫格만은 못 하지만 貴格이 될 수 있으며 또한 富를 취할 수 있다. 그렇지 않으면 印星과 財星이 서로 싸워 局을 이룰 수 없다[108]고 하여, 반드시 食傷을 써서 通關을 시켜야 한다고 하였으며, 食傷을 用神으로 할 경우 財星運을 반긴다고 하여 위〈事例 100〉와 같이 相(用)神을 구하라고 하였다.

時	日	月	年〈事例 101〉
乙	甲	乙	癸(양인격→종왕격)
亥	寅	卯	卯(목체금토용조, 불용)

53	43	33	23	13	03
己	庚	辛	壬	癸	甲
酉	戌	亥	子	丑	寅

임철초 선생님은 다음과 같이 풀이하셨다. 이 命造는 네 개의 地支가 모두 木이며 또 水의 生을 만났으며 일곱 개의 木과 두 개의 水로써 특별히 다른 氣運이 없어 木이 旺한 것이 極에 다다르니 火와 같다. 祖上의 業이 본래 豐富하였고 丑大運을 만나 刑傷을 당하는 일이 있었으나, 壬子大運에는 水의 旺한 勢力을 타고 辛亥大運에 金이 通根하

---

108) "更若陽刃用財, 格所不喜, 然財根深而用傷食, 以轉刃生財, 雖不比建祿月劫, 可以取貴, 亦可就富, 不然, 則刃與財相搏, 不成局矣", 위의 책 같은 권, p.35.

는 것이 없으며 地支로 水가 旺한 것을 만났으므로 이십 년 동안 事業을 經營하여 數萬의 利益을 얻었다. 그러나 한 번 庚戌大運을 만나 土金이 함께 旺하여지므로 財物이 깨져 흩어지고 결국은 죽고 말았다.

譯評 曲直格이라고도 할 수 있다. 하지만 亥水와 癸水가 있어 從旺格이 되었다. 이 從旺格도 역시 그 格을 중심으로 生하고 洩하는 오행이 喜神이 되는데 이 명조는 印綬五行인 水五行이 喜神이 된다. 물론 명조 자체에도 火가 없으므로 火를 喜神으로 할 수 없지만……명조 설명하는 부분 중에 '七木兩水'는 철초 님의 착각한 것이 아니면 袁樹删(원수산)이 잘못 옮겼는지 확인할 수는 없지만 잘못되었다. 참고적으로 『徵義』에는 '六木兩水'라고 되어 있는 것을 확인하였다.

컴퓨터 프로그램으로 五行指數를 검증해 보면, 역시 極旺한 木 8.5, 火 0.9, 土 0.0, 金 0.0, 水 2.4로, 木五行이 宗主五行이 되므로, '木體金土用組'이나 金/土五行은 不在不用하고 宗主五行인 木五行을 중심으로 水/木/火五行 중 火五行은 通力이 不足하여 水/木五行이 用/喜神이 되었다.

만약 이 命主는 2024년 甲辰年이고, 이 命主는 癸卯生으로 현재 나이 62세로 이 세상 사람이 아닐 듯하다.

『子平眞詮』 심효첨의 격국론에서도 從格을 인정하고 있다. 論雜格장에 의하면, 五行이 一方으로 되면 秀氣를 취하여 (格이 될 수) 있다. (예를 들어) 甲/乙日主가 亥/卯/未, 寅/卯/辰으로 全備되었고 또

축약 적천수천미 용신분석

春月에 태어난 甲/乙日主는 본래 劫財와 한 종류이다. 각각의 오행의 기운이 전체를 얻고 있다면 成格이 되므로 印綬가 투출하면 사주체가 순수해 진다. 마치 癸亥/乙卯/乙未/壬午로 吳相公의 命이 그렇다. 운 역시 印綬와 比劫의 대운을 반긴다. 財星과 食傷運도 吉하고 官煞運만 꺼린다[109]고 하여, 이 명조 〈事例 101〉에서처럼 印星이 투출된 것을 기뻐한다고 하였다.

여기서 木星만 가지고 從格을 설명하였지만 심효첨은 '有取五行一方秀氣者(유취오행일방수기자)'라는 구절에 근거하여 오행 따른 五格을 인정한 것이다. 즉, 曲直格, 炎上格, 稼穡格, 從革격, 潤下格 등이다.

時	日	月	年〈事例 102〉
辛	甲	甲	乙(칠살격)
未	申	申	丑(금체화목용조, 불용)

53	43	33	23	13	03
戊	己	庚	辛	壬	癸
寅	卯	辰	巳	午	未

임철초 선생님은 다음과 같이 풀이하셨다. 이 命造는 地支로는 土金으로만 이루어지니 木이 뿌리를 내릴 만한 곳이 없으며 時干의 辛

---

109) "有取五行一方秀氣者, 取甲乙全亥卯未寅卯辰, 又生春月之類, 本是一派劫財, 以五行各得氣全體, 所以成格, 喜印露而體純, 如癸亥/乙卯/乙未/壬午, 吳相公是也, 運亦喜印綬比劫之鄕, 財食亦吉, 官煞則忌矣", 『子平眞詮評註』권5, 앞의 책, p.55.

金이 元神 透出하여 木이 太衰한 것이 水와 같다. 初運에 癸未·壬午 大運을 만나 木을 生하고 金을 制하니 부모로부터 물려받은 재산이 豊足하지 못하였으나 辛巳·庚辰大運에 金을 生하는 地支를 만나 財産이 發하기 시작하여 맨손으로 數萬을 벌었다. 己卯大運에 土가 뿌리가 없고 木이 地支를 얻어 火災를 만나 萬餘 財産이 깨어지고 寅木大運을 만나 죽고 말았다.

譯評 사주의 구조가 희한하게 되어 있다. 甲申月의 甲申日主, 가을철의 甲木을 들여다보면 별로 할 말이 없어진다. 天干 따로 地支 따로 구성되어 있는 것이 보인다. '天覆地載(천복지재)'가 안 된 명조다. 본 장에서 철초 님이 설명한 '得二比肩(득이비견)'은 '不如支中得一長生祿旺(불여지중득일장생록왕)'을 증명하려는 의도인 듯하다. 木太衰者(목태쇠자)는 剋하는 用神을 쓰라고 하였다. 이 명조는 혹시 從强格으로 풀어야 할 것이다. 왜냐하면 '金逢生地(금봉생지)'하여 '白手發財數萬(백수발재수만)'한 것 때문이다.

컴퓨터 프로그램으로 五行指數를 검증해 보면, 역시 太旺한 金 6.4, 水 2.7, 木 1.6, 火 0.6, 土 1.2로, 金五行이 宗主五行이 되므로, '金體火木用組'이나 火/木五行은 不在不用하고 宗主五行인 金五行을 중심으로 土/金/水五行 중 土五行은 通力이 不足하여 金/水五行이 用/喜神이 되었다. 金/水五行을 합치면 9.1로 極旺하므로 일주인 甲木은 太衰함에 이르렀다. 철초 님 설명대로 剋하는 金五行이 용신이 되었다. 辛巳/庚辰大運이 好運이 되었다.

축약 적천수천미 용신분석

만약 이 命主는 2024년 40세로 庚辰大運 辰大運에 들어 있어 好運이 된 命主다.

『子平眞詮』심효첨의 격국론으로는, 偏官이 混在되어 아주 濁한 명조가 되었다. 그래도 偏官格으로 살펴야 할 것이다. 이 편관격은 四凶神의 하나이므로 逆用해야 한다. 論偏官장에 의하면, 煞은 일주를 공격하므로 마치 美物이 아닌 것처럼 보이나, 大貴格은 七煞에 많이 존재한다. 剋하고 制하는 것이 적당하면 煞을 나를 위해 쓸 수 있다. 마치 大英雄 大豪傑들이 말을 모는 것이 어려워 보이지만 일단 그 방법을 알고 나면 驚天動地의 功을 홀연히 취할 수 있으니, 王侯將相이 七煞格에 많이 존재하는 까닭이[110]라고 하였다. 그러므로 七煞格도 여느 다른 格과 마찬가지로 알맞은 制伏이 되면 오히려 훌륭한 인물이 이 格에서 많이 나온다고 하였다.

이와 같이 심효첨은 이 七煞格을 制伏시키는 것을 제1用神으로 하였으나, 이 명조〈事例 102〉는 制伏시킬 만한 食傷星이 없어 애석하게 되었다. 더하여 論取運장에서도 偏官格에 偏官을 相神으로 한다는 설명은 없는 것을 확인하였다. 물론 있기는 하다. 取運論에서는 煞이 輕하고 印이 重하면 煞을 돕는 것을 반긴다[111]고 한 것은 印綬가 강하여 偏官이 약한 경우이다. 이 명조는 격국론으로 풀면 풀리지 않는 명조다.

---

110) "煞以攻身, 似非美物, 而大貴之格, 多存七煞, 蓋控制得宜, 煞爲我用, 如大英雄大豪傑, 似難駕馭, 而處之有方, 則驚天動地之功, 忽焉而就, 此王侯將相所以多存七煞也",『子平眞詮評註』권5, 앞의 책, p.1.

111) "煞輕刃重, 則喜助煞" 위의 책, 같은 권, p13.

誠意伯秘授天官五星玄澈通旨

滴天髓闡微(二卷)

通　神　論
終